W9-BFH-507

Français • 2e cycle

Signet

Livre B

Françoise Dulude

ÉDITIONS DU RENOUVEAU PÉDAGOGIQUE INC.

5757, RUE CYPIHOT
SAINT-LAURENT (QUÉBEC)
H4S 1R3

TÉLÉPHONE : (514) 334-2690
TÉLÉCOPIEUR : (514) 334-4720
COURRIEL : erpidlm@erpi.com

Éditrice
Suzanne Berthiaume

Chargée de projet
Christiane Gauthier

Révision linguistique
Sylvie Massariol

Rédaction
Raymonde Lebel : p. 4-6, 40-41, 58-60,
136-148, 172-184, 186-198
Odette Lupien : p. 98-99, 216-236

Correction d'épreuves
Lucie Bernard
Odile Dallaserra
Sylvie Massariol
Madeleine Pilon

Recherche iconographique et demande de droits
Pierre Richard Bernier

Couverture
ERPI

Illustration : Steve Adams

Conception graphique et édition électronique
ERPI

Nous tenons à remercier M. Jacques Sénéchal qui a fait la sélection des textes littéraires et la recherche bibliographique. M. Sénéchal est enseignant au 2e cycle du primaire à l'école Rabeau de la Commission scolaire Marie-Victorin.

© ÉDITIONS DU RENOUVEAU PÉDAGOGIQUE INC., 2001

Tous droits réservés. On ne peut reproduire aucun extrait de ce livre sous quelque forme ou par quelque procédé que ce soit – sur une machine électronique, mécanique, à photocopier ou à enregistrer, ou autrement – sans avoir obtenu, au préalable, la permission écrite des ÉDITIONS DU RENOUVEAU PÉDAGOGIQUE INC.

Dépôt légal : 4e trimestre 2001
Bibliothèque nationale du Québec
Bibliothèque nationale du Canada

IMPRIMÉ AU CANADA   234567890 IE 09876543
ISBN 2-7613-1170-1   10412   BCD   JS12

Table des matières

Mot de l'auteure . . . . **V**

Projets

Projet **1**

Hop ! La vie ! **1**

1   Exploration
Des questions qui font réfléchir . . . **2**

2   Lecture
Le plaisir de comprendre **4**

3   Lecture
D'autres maladies à connaître **8**

4   Écriture
Des maux dans tes mots **10**

5   Synthèse et bilan
Les maladies au grand jour **18**

RECUEIL DE TEXTES **135**

Projet **2**

Comme chien et chat ! **19**

1   Exploration
Si j'étais à ta place... . . . . **20**

2   Lecture
Comme dans les romans **22**

3   Lecture
Se comprendre **26**

4   Écriture
Faire la paix **28**

5   Synthèse et bilan
Quand chiens et chats font
bon ménage **36**

RECUEIL DE TEXTES **149**

Projet **3**

Le grand livre de l'écriture **37**

1   Exploration
Il y a très, très longtemps... . . . **38**

2   Lecture
De la pierre au livre électronique . . . **40**

3   Lecture
L'histoire de l'écriture **44**

4   Écriture
Une page à la fois **46**

5   Synthèse et bilan
À livre ouvert **54**

RECUEIL DE TEXTES **171**

Projet **4**

À chacun son toit **55**

1   Exploration
Qu'est-ce qui fait la différence ? . . . **56**

2   Lecture
Les premières maisons de
la Nouvelle-France **58**

3   Lecture
Un tour rapide du monde **62**

4   Production
Une maison en chantier **64**

5   Écriture
Une maquette et plus encore **65**

6   Synthèse et bilan
Des peuples et des maisons **74**

RECUEIL DE TEXTES **185**

Projet 5

Paroles d'animaux **75**

1 **Exploration**
Sortir des sentiers battus **76**

2 **Lecture**
Sur le sentier des poètes **78**

3 **Lecture**
Dans toutes les directions **81**

4 **Écriture**
L'imagination à l'œuvre **83**

5 **Synthèse et bilan**
Un bestiaire à lire **94**

RECUEIL DE TEXTES **199**

Projet 6

D'hier à aujourd'hui **95**

1 **Exploration**
Un bond... dans le passé **96**

2 **Lecture**
Les boutons ont-ils
toujours existé ? **98**

3 **Lecture**
De la fourchette au camion **100**

4 **Écriture**
La vie des objets **101**

5 **Synthèse et bilan**
Des informations à la page **110**

RECUEIL DE TEXTES **215**

Projet 7

Le procès de Maître Renard **111**

1 **Exploration**
Un peu, beaucoup,
passionnément, à la folie **112**

2 **Lecture**
Un renard célèbre **114**

3 **Lecture**
Maître Renard, qui es-tu ? **119**

4 **Écriture**
Fin renard ou renard aimable ? . . . **121**

5 **Synthèse et bilan**
Un procès mémorable **130**

RECUEIL DE TEXTES **237**

Annexes **255**

Mes stratégies de lecture **256**

Suggestions de lectures **260**

Liste des stratégies **263**

Liste des notions abordées
dans le volet Écriture **264**

Index des notions grammaticales . . **265**

Sources des photographies
et des illustrations **266**

Mot de l'auteure

Bonjour !

Tu connais déjà la collection *Signet* et tu sais que des heures de découvertes t'attendent. Dans ce manuel, tu trouveras des réponses à mille et une questions : Quelles maladies touchent les enfants de ton âge ? Qui peut bien vivre dans des maisons flottantes ? Depuis combien de temps le réfrigérateur, la montre et... les pantalons existent-ils ?

Tu fais partie des mordus d'histoires ? Celles de *Signet* sauront te captiver, t'émouvoir, te fasciner.

Ouvre ton deuxième livre *Signet*, tu verras toutes les surprises qu'il te réserve. Grâce à ton intelligence et à ton imagination, tu réaliseras d'autres projets toujours aussi excitants !

Voici la signification de quelques pictogrammes utilisés dans ton manuel :

 annonce des stratégies pour bien lire et écrire.

 annonce des activités pour mieux exprimer tes idées lorsque tu discutes avec tes camarades.

 annonce un contenu grammatical théorique.

 t'invite à poser une question ou à répondre à une question dans le but d'apprendre à résoudre des problèmes.

 t'invite à consulter les suggestions de lectures en lien avec le projet.

Je te souhaite beaucoup de plaisir et des découvertes fascinantes avec *Signet*. Je te souhaite aussi d'aimer lire et écrire passionnément !

Françoise

- Les pictogrammes qui figurent sur la page de présentation des projets renvoient aux trois phases de la démarche d'apprentissage.

 La préparation. L'élève explore le thème du projet.

 La réalisation. L'élève fait les activités qui mènent à la réalisation du projet.

 La synthèse. L'élève arrive au terme du projet : il ou elle présente son travail et fait son bilan.

- Quand le manuel indique à l'élève d'utiliser son cahier, il s'agit de n'importe quel cahier (brouillon, à spirale) ou de feuilles mobiles.

Hop ! la vie !

D'où vient la vie ? Pourquoi est-on malade ?
Pourquoi les êtres qu'on aime meurent-ils ?
Tout le monde se pose ces questions, les enfants
comme les adultes. Même s'il n'y a pas de
réponses simples, on a parfois besoin d'en parler.
On peut aussi essayer de comprendre un peu
mieux certaines maladies qui affectent les enfants.
C'est ce que tu feras au cours de ce projet.

Le but du projet

Au terme de ce projet, tu vas
communiquer tes connaissances sur
une maladie aux élèves de ton école.
Tu le feras au moyen d'une affiche
ou d'un dépliant.

Les étapes à suivre

1. Tu vas partager avec tes camarades
tes questions et tes réflexions sur la
vie, la maladie, la mort.

2. En lisant un texte, tu vas
comprendre un peu mieux une
maladie grave : la leucémie.

3. Tu vas chercher des informations
sur une autre maladie.

4. Tu vas rédiger une affiche ou un
dépliant pour communiquer tes
connaissances aux élèves de l'école.

5. Tu vas diffuser ton texte et lire les
textes de tes camarades. Tu feras
enfin le bilan de ce projet.

Tu vas apprendre à :

- te connaître davantage ;
- découvrir le sens de certains mots
et de certaines expressions ;
- comprendre des phrases longues ;
- sélectionner des informations ;
- discuter de façon harmonieuse ;
- construire des phrases interrogatives ;
- comprendre la construction de la
phrase déclarative ;
- accorder le verbe dans une phrase
déclarative.

Des questions qui font réfléchir

Tu vas :

Te connaître davantage

Découvrir le sens de certains mots et de certaines expressions

Quelles questions te poses-tu sur la vie, la maladie, la mort ? En as-tu déjà discuté avec des adultes ou des amis ? Voici une belle occasion de le faire. En réfléchissant avec tes camarades, tu connaîtras d'autres points de vue.

1. Partage avec tes camarades tes questions et tes réflexions sur la vie, la maladie, la mort.

- Dis-leur si ces questions sont importantes pour toi.
- Explique-leur tes idées sur ces sujets.

2. Que penses-tu de cette discussion ?

- As-tu aimé parler de ces sujets avec tes camarades ?
- Est-ce que la discussion t'a apporté des idées nouvelles ? Si oui, lesquelles ?
- As-tu trouvé cela facile ou difficile de respecter les idées de chacun ? Est-ce facile pour toi de respecter des points de vue différents du tien ?

3. Dans ton journal de bord, écris tes questions et tes réflexions les plus importantes.

4. Dans ce projet, tu vas t'informer sur des maladies qui affectent des enfants. À l'aide des questions suivantes, partage tes connaissances et tes questions avec tes camarades.
- Quelles maladies connais-tu ?
- Quelles questions te poses-tu sur les maladies ?

5. En équipe, répondez à une des questions suivantes. Utilisez toutes les ressources à votre disposition pour trouver une réponse.

A Quelle est la différence entre une maladie grave et une maladie bénigne ?

B Les médecins font-ils le même travail que les infirmiers et les infirmières ?

C Est-ce qu'il vaut mieux avoir une santé précaire ou une santé de fer ?

D Que veut dire l'expression « s'en sortir sain et sauf » ?

E Quand on dit d'une personne qu'elle est « malade comme un chien », est-ce qu'on veut dire qu'elle a tellement mal qu'elle aboie ?

F Est-ce qu'on reçoit les mêmes soins dans un hôpital que dans une clinique ?

G Si une personne doit « garder le lit », est-ce qu'elle doit le surveiller ?

H Qu'est-ce qui est le plus grave : éprouver un malaise ou avoir une maladie ?

I « Les examens, il en fait une maladie. » Quand on dit cela d'un élève, est-ce qu'on veut dire qu'il tombe malade chaque fois qu'il a un examen ?

As-tu aimé faire l'activité 5 ? Commences-tu à prendre goût aux recherches ? Dépose vite une question dans la boîte aux questions. Ou encore, réponds à une de tes questions ou à celle d'un ou d'une camarade.

La santé et la maladie t'intéressent ? Tu aimerais en savoir davantage ? Tu préfères peut-être lire des histoires d'enfants malades. Consulte les suggestions de lectures (p. 260) à la fin de ton manuel.

Le plaisir de comprendre

Tu vas :

Comprendre
des phrases longues

As-tu déjà entendu parler de la leucémie ? Connais-tu des enfants qui en sont atteints ? La leucémie est une maladie grave, mais la médecine arrive de plus en plus à la comprendre et à la guérir. En lisant le texte suivant, tu en apprendras un peu plus sur ce sujet.

1. Que sais-tu de la leucémie ? Partage avec tes camarades tes connaissances et tes questions sur cette maladie.

2. Lis le texte qui suit. Tu en sauras un peu plus sur le sujet.

La leucémie

Antoine a été absent de l'école pendant plusieurs semaines. Hier, il est revenu en classe, mais il n'était pas comme avant. Il était amaigri, pâle et avait perdu ses cheveux.

Dans l'après-midi, notre enseignante, madame Saint-Jean, nous a proposé de parler de la maladie d'Antoine.

La leucémie expliquée par madame Saint-Jean et Antoine

Madame Saint-Jean nous a d'abord expliqué que la leucémie n'était pas une maladie contagieuse. C'est une maladie du sang. Pour une raison inconnue, des cellules nuisibles se mettent à envahir le sang. Peu à peu, elles prennent la place des bonnes cellules du sang, c'est-à-dire les globules blancs, les globules rouges et les plaquettes. Parce que les cellules nuisibles occupent toute la place, elles empêchent le sang de jouer normalement son rôle. C'est ce qui rend si malade.

Antoine nous a expliqué les symptômes qu'il a eus. Sans raison, il a commencé à se sentir fatigué et il n'avait plus le goût de jouer. Il a appris par la suite que c'était parce qu'il n'avait plus assez de globules rouges. Il faisait aussi souvent de la fièvre et avait toutes sortes d'infections. C'était le manque de globules blancs qui en était la cause. Quand son petit frère lui serrait affectueusement le bras, ça lui faisait des bleus. C'est parce qu'il n'y avait plus suffisamment de plaquettes dans son sang.

Ses parents ont compris que quelque chose n'allait pas. Ils sont allés consulter un médecin, qui a fait faire une prise de sang à Antoine.

Mort aux envahisseurs

Le médecin a expliqué à Antoine qu'il fallait faire la guerre aux cellules nuisibles de son sang. Comme il fallait tuer ces envahisseurs, on lui a donné des médicaments chimiques très forts. Le traitement s'appelle la chimiothérapie. C'est à cause de ces médicaments qu'Antoine a perdu ses cheveux. Mais ils vont repousser avec le temps.

Il a eu aussi un autre traitement : c'est la radiothérapie. Pour que toutes les cellules nuisibles soient bel et bien mortes, on a projeté sur elles des rayons très puissants.

Maintenant, Antoine est en rémission, c'est-à-dire que toutes les cellules nuisibles ont été détruites. Il continue quand même à prendre des médicaments pour les empêcher de revenir.

3. Discute de cette lecture avec tes camarades.

- Est-ce que le texte parle de ce que tu savais déjà sur la leucémie ? As-tu appris des choses ? Si oui, lesquelles ?

- As-tu trouvé des réponses aux questions que tu te posais ? Si oui, lesquelles ? Sinon, où pourrais-tu en trouver ?

- À ton avis, le texte contient-il assez d'informations sur la leucémie ?

4. La phrase qui suit peut être difficile à comprendre.

Parce que les cellules nuisibles occupent toute la place, elles empêchent le sang de jouer normalement son rôle.

Qu'est-ce que cette phrase signifie ? Comment as-tu fait pour la comprendre ?

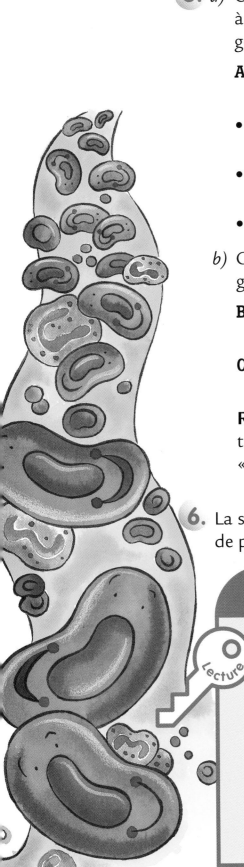

5. *a)* Observe comment la phrase A est construite : tu apprendras à reconnaître d'autres phrases qui présentent le même genre de difficulté.

> **A Parce que les cellules nuisibles occupent toute la place**, elles empêchent le sang de jouer normalement son rôle.

- Une partie de la phrase commence par « parce que ». « Parce que » est un marqueur de relation.
- Cette partie de phrase contient un verbe conjugué, « occupent », et un sujet, « les cellules nuisibles ».
- Cette partie de phrase est suivie d'une virgule.

b) Compare maintenant les phrases A, B et C. La partie en gras peut être placée à différents endroits.

> **B** Les cellules nuisibles, **parce qu'elles occupent toute la place**, empêchent le sang de jouer normalement son rôle.

> **C** Les cellules nuisibles empêchent le sang de jouer normalement son rôle **parce qu'elles occupent toute la place**.

Remarque : Voici différents marqueurs de relation que tu peux trouver dans des cas semblables : « parce que », « quand », « lorsque », « comme », « afin que », etc.

6. La stratégie suivante peut t'aider à comprendre ce genre de phrases. Applique-la à la phrase de l'activité 4.

Pour comprendre une phrase longue qui contient un marqueur de relation comme « parce que », « lorsque », etc.

Lecture

1° Dans ma tête, je mets entre parenthèses la partie de la phrase qui commence par un marqueur de relation.

2° Je lis le reste de la phrase et j'essaie de la comprendre.

3° Je lis la partie de la phrase mise entre parenthèses :
- je cherche le sens des marqueurs de relation ;
- je me demande ce que cette partie de phrase ajoute au reste de la phrase.

4° Je relis la phrase au complet pour bien la comprendre.

7. Forme une équipe avec un ou une camarade. Ensemble,

- repérez les phrases A et B dans le texte *La leucémie* ;
- lisez chaque phrase en utilisant la stratégie que vous venez d'apprendre ;
- expliquez à votre camarade ce que vous comprenez de chaque phrase.

  A Quand son petit frère lui serrait affectueusement le bras, ça lui faisait des bleus.

  B Pour que toutes les cellules nuisibles soient bel et bien mortes, on a projeté sur elles des rayons très puissants.

8. Discute avec tes camarades.

- Est-ce que la stratégie que tu viens d'apprendre t'a permis de comprendre les phrases de l'activité 7 ?
- Trouves-tu cette stratégie difficile à utiliser ? Si oui, explique à tes camarades ce que tu trouves difficile et écoute leurs suggestions.

3   Lecture

D'autres maladies à connaître

Tu vas :

Sélectionner des informations

Tu connais sûrement d'autres maladies comme la grippe, l'asthme ou les allergies alimentaires. Mais tu en sais peut-être moins sur l'autisme ou l'épilepsie, par exemple. Entreprends une recherche sur une maladie que tu veux connaître davantage.

1. Quelle maladie aimerais-tu connaître ? Feuillette le recueil de textes à la fin de ton manuel (p. 135 à 148). Tu y trouveras des textes sur différentes maladies.

2. Tu peux aussi consulter d'autres sources d'information pour approfondir tes connaissances :

- un infirmier ou une infirmière ;
- des dépliants d'un CLSC[1] ou d'une clinique ;
- des ouvrages de la bibliothèque ;
- des sites Internet.

3. Planifie les étapes que tu suivras pour faire ta recherche.

4. Dans la planification de ta recherche, as-tu prévu :
- prendre des notes pour conserver les informations que tu trouves ?
- relire tes notes ? Tu vérifieras ainsi si tu as assez d'informations pour comprendre et expliquer la maladie que tu as choisie.

5. En lisant les textes que tu as trouvés, prends des notes sur la fiche *Une maladie à connaître*.

6. Montre tes notes à un ou une camarade qui s'intéresse au même sujet que toi.
- Explique-lui les informations que tu as trouvées.
- Écoute ses commentaires et ses questions.
- Ajoute des informations au besoin.

7. Range ta fiche dans ton portfolio.

---

1. Un CLSC est un Centre local de services communautaires.

4 Écriture

Des maux dans tes mots

Tous les élèves de ton école n'ont pas tes connaissances : ils en savent peu sur les maladies qui touchent les enfants. Communique-leur ce que tu sais en faisant une affiche ou un dépliant.

Planification

1. Comment vas-tu communiquer les résultats de ta recherche ? Tu peux faire une affiche ou un dépliant comme on en trouve dans les cliniques et les CLSC. À moins que tu n'aies une meilleure idée...

2. Fais un plan de ton affiche ou de ton dépliant :
   - prévois des illustrations ;
   - évalue la longueur de ton texte ;
   - pense à l'espace que tu veux consacrer aux explications.

3. Planifie ton texte.
   - Relis tes notes.
   - Choisis les informations qui expliquent le mieux ton sujet.
   - Trouve la formulation qui convient le mieux.

Rédaction et révision

1. Rédige le texte de ton affiche ou de ton dépliant.
- Si tu doutes de l'orthographe d'un mot, indique-le à mesure que tu écris.
- Laisse l'espace nécessaire pour retravailler ton texte.

2. Relis ton texte en te posant les questions suivantes.
- Mes explications sont-elles claires ?
- Mon texte contient-il assez d'informations pour qu'on comprenne bien le sujet ?

3. Forme une équipe avec un ou une camarade.
- Lis le texte de ton ou ta camarade. Demande-toi si ses explications sont claires.
- Quels commentaires pourrais-tu lui faire pour l'aider dans son travail ? Assure-toi que tes commentaires sont faits dans le respect de l'autre.
- Écoute ses commentaires. Lesquels t'aident le plus à améliorer ton travail ?

4. Améliore ton texte en tenant compte des commentaires que tu as reçus.

Correction

LES MOTS ET LES PHRASES

Syntaxe

Tu vas :

Comprendre la construction de la phrase déclarative

1. Les phrases suivantes sont-elles bien construites ? Partage tes observations avec les élèves de ta classe.

Utilise ton cahier au besoin.

   A   Marianne a attrapé la varicelle.

   B   soigne sa grippe.

   C   Jérémie.

   D   Est fiévreuse Stéphanie.

2. Parmi les phrases précédentes, seule la phrase A est bien construite.

- Elle est formée d'un groupe sujet et d'un groupe du verbe.

   Marianne ‖ a attrapé la varicelle.
   groupe sujet   *groupe du verbe*

- On ne peut pas enlever le groupe sujet ni le groupe du verbe. Ils sont obligatoires pour qu'une phrase déclarative soit bien construite.

   « ~~Marianne~~ a attrapé la varicelle. » n'est pas une phrase ;

   « Marianne ~~a attrapé la varicelle~~. » n'est pas une phrase non plus.

- Le groupe sujet est généralement placé avant le groupe du verbe.

   « A attrapé la varicelle Marianne. » n'est pas une phrase bien construite.

3. Les phrases que tu lis et que tu écris sont souvent plus longues : en plus du groupe sujet et du groupe du verbe, elles peuvent contenir un ou des groupes de mots qui ajoutent des précisions à la phrase.

Ex.: La semaine dernière, Marianne a attrapé la varicelle.

Marianne a attrapé la varicelle **à l'âge de quatre ans**.

Lorsqu'elle est allée chez sa cousine, Marianne a attrapé la varicelle.

Les groupes de mots qui précisent la phrase ne sont pas obligatoires pour que la phrase soit bien construite. Quand tu lis et que tu révises tes phrases, tu peux mettre ces précisions entre parenthèses dans ta tête pour trouver plus facilement le groupe sujet et le groupe du verbe.

4. Les phrases de la fiche *Drôles de phrases* sont-elles bien construites ? Complète cette fiche, puis partage tes observations avec tes camarades.

Tu vas :

Construire des phrases interrogatives

5. Habituellement, on pose une question pour obtenir une information. Voici quelques exemples.

A Est-ce que tu as souvent la grippe ?

B Connaissez-vous l'asthme ?

C La leucémie est-elle une maladie grave ?

On peut aussi poser une question pour attirer l'attention des lecteurs.

6. Observe les trois phrases interrogatives A, B et C et partage tes observations avec tes camarades. Ces phrases sont-elles construites comme des phrases déclaratives ?

7. Lis chacune des questions de la fiche *Encore des questions !* Ressemblent-elles à la phrase A, à la phrase B ou à la phrase C ?

8. Examine de plus près la construction des phrases A, B et C.

- La phrase A commence par l'expression interrogative « est-ce que ». Elle est structurée comme une phrase déclarative.
- Dans la phrase B, le sujet « vous » est placé après le verbe.
- Dans la phrase C, le sujet est le groupe du nom « la leucémie » ; il est placé avant le verbe et il est repris par le pronom « elle » placé après le verbe.

9. Transforme les phrases déclaratives suivantes en phrases interrogatives.

    A Le rhume est une maladie contagieuse.

    B Tu fais de l'asthme.

    C Édith a de la difficulté à respirer.

10. Dans la langue parlée, on entend parfois des phrases interrogatives qui sont différentes de celles que tu viens d'observer.

    Ex. : Tu prends-tu des médicaments ?

             Les enfants hospitalisés ont-tu des jeux et des jouets ?

Ces phrases sont mal construites. Corrige-les en t'inspirant des exemples observés.

L'ORTHOGRAPHE

Orthographe grammaticale

Utilise ton cahier au besoin.

Tu vas :

Accorder le verbe dans une phrase déclarative

1. En équipe, faites le travail qui suit.

    • Observez les verbes des phrases suivantes et expliquez leur accord.

    • Discutez de la stratégie à suivre pour accorder ces verbes.

        A Thierry souffre d'une allergie au pollen.

        B Les enfants attrapent souvent le rhume.

        C Tu as les symptômes d'une otite.

2. Discutez de votre stratégie avec les élèves de la classe.

    • Expliquez-la clairement en donnant un exemple.

    • Comparez vos stratégies et trouvez celles qui sont exactes et complètes.

    • Comparez vos stratégies à celle qui suit pour vérifier si elles sont exactes et complètes.

Pour accorder le verbe

1° Je repère le ou les verbes de ma phrase en me servant des critères suivants :

- le verbe se conjugue à différents temps ;
- le verbe se conjugue à différentes personnes du singulier et du pluriel ;
- on peut mettre « ne » avant le verbe et « pas » après le verbe.

2° Je cherche le sujet :

- je regarde si le pronom « je », « tu », « il », « ils » ou « on » est placé devant le verbe. Ces pronoms sont toujours sujets ;
- si je ne vois pas un de ces pronoms, j'emploie la tournure « c'est... qui » suivie du verbe.

Ex. : C'est **les jeunes enfants** qui attrapent souvent le rhume.

3° Je cherche la personne et le nombre du sujet.

Ex. : « Les jeunes enfants » est un sujet de la 3e personne du pluriel ; il pourrait être remplacé par « ils ».

4° J'écris la terminaison qui correspond à la personne et au nombre du sujet.

1. Reviens à ton texte.

- Veux-tu ajouter une question ou transformer une phrase en phrase interrogative pour attirer l'attention des lecteurs ? Fais attention à la structure de ta phrase.
- Les phrases de ton texte sont-elles bien ponctuées ?
- Les phrases déclaratives sont-elles bien structurées ?
- Si tu as écrit des phrases interrogatives, sont-elles bien structurées ?

2. Vérifie l'orthographe des mots en lisant une phrase à la fois.

- Repère tous les groupes du nom : les accords sont-ils bien faits ?
- Cherche les verbes et vérifie leur accord. Utilise la stratégie que tu viens d'apprendre.
- Vérifie l'orthographe d'usage des mots en consultant ta liste orthographique ou un dictionnaire.

3. Retourne au plan de ton affiche ou de ton dépliant.

- Transcris ton texte à l'endroit prévu.
- Fais des illustrations et ajoute des éléments décoratifs pour agrémenter ton affiche ou ton dépliant.
- Relis ton texte pour t'assurer qu'il ne reste plus d'erreurs.

4. Conserve une copie de ton affiche ou de ton dépliant dans ton portfolio.

5. Dans ton texte, cherche trois mots que tu as trouvés difficiles à orthographier.

- Transcris-les en observant leur orthographe.
- Souligne les lettres ou les syllabes auxquelles tu dois faire attention quand tu écris ces mots.
- Mémorise-les.

Orthographe d'usage

Tu vas :

Écrire les sons [an], [in] et [on] devant les lettres « p » et « b »

3. Tu as déjà observé comment les sons [an] et [in] s'écrivent dans les mots ci-dessous.

ampoule, campagne, chambre, framboise, grimper, important, impossible, jambe, jambon, simple, tambour, timbre, vampire

- Formule la règle d'orthographe qui s'applique.
- Communique ta règle aux élèves de ta classe.

4. Voici des mots dans lesquels les sons [an] et [on] suivent la même règle. Examine-les et mémorise-les.

camper – campeur – campeuse – camping

compagnon – compagne – compagnie – accompagner

comparer – comparaison

pamplemousse

semblable – sembler – ressembler

température

tempête

5. Observe attentivement les mots suivants. Que remarques-tu ? Mémorise ces mots.

camp – champ

temps – longtemps – printemps

6. Forme une équipe avec un ou une camarade. Ensemble, faites les activités de la fiche qu'on vous remettra.

- À tour de rôle, dictez les mots de votre fiche à votre camarade.
- Corrigez ensemble chaque fiche. S'il y a des erreurs, cherchez un moyen de les éviter à l'avenir.

Les maladies au grand jour

Tu es maintenant riche de nouvelles connaissances. Il te reste à les diffuser pour en faire bénéficier les élèves de l'école. Tu feras ensuite le bilan de ce projet.

1. Tu as terminé ton affiche ou ton dépliant. En classe, discutez de la diffusion de vos productions. Où les placerez-vous ? Y a-t-il des endroits prévus pour l'affichage des productions dans l'école ? Y a-t-il des lieux où vos affiches et vos dépliants seront particulièrement bien en vue ?

2. Aimerais-tu connaître la réaction des élèves et des adultes qui liront ton affiche ou ton dépliant ? Comment feras-tu pour obtenir leurs commentaires ?

3. Commence ton bilan en discutant avec tes camarades.
- Quelles connaissances as-tu acquises au cours de ce projet ?
- As-tu trouvé cela difficile de lire des textes sur les maladies ?
- As-tu lu d'autres textes que ceux du recueil pour ta recherche ?

4. Dans ton journal de bord, conserve quelques découvertes faites au cours du projet. Réponds ensuite aux questions de la fiche qu'on te remettra.

Projet 2

Comme chien et chat!

Connais-tu l'expression « s'entendre comme chien et chat » ? On l'emploie pour parler de personnes qui se disputent sans arrêt. De la même façon, certains enfants passent leur temps à se chamailler. Pourraient-ils arriver à s'entendre ? Si oui, comment ? C'est ce que tu verras au cours de ce projet.

Le but du projet

Avec ton équipe, tu vas rédiger une histoire bien particulière : une histoire où des personnages trouvent une solution à leur conflit. Tu discuteras de cette solution avec les élèves de ta classe.

Les étapes à suivre

1. Tu vas t'interroger sur des conflits qui peuvent survenir entre enfants.

2. Tu vas lire l'histoire de Christophe et de Simon et tu vas suggérer une solution à leur différend.

3. Tu vas lire une histoire où des enfants se disputent et tu vas en discuter avec ton équipe.

4. Avec ton équipe, tu vas rédiger une suite à l'histoire que tu as lue.

5. Tu vas participer à la présentation de toutes les histoires, puis tu vas en discuter avec tes camarades. Tu feras ensuite le bilan de ce projet.

Tu vas apprendre à :

- te connaître davantage ;
- résoudre des conflits ;
- exprimer une condition ;
- comprendre les dialogues ;
- lire des histoires tirées de romans ;
- travailler harmonieusement avec d'autres ;
- construire des phrases négatives ;
- écrire des dialogues ;
- conjuguer les verbes à différents temps.

Si j'étais à ta place...

Tu vas :

Te connaître
davantage

Résoudre des conflits

Exprimer
une condition

C'est bien connu : c'est plus facile de donner des conseils à quelqu'un que de résoudre ses propres conflits. Cela s'explique facilement : quand on donne des conseils, on n'est pas au cœur de l'action. En faisant des suggestions à d'autres enfants, peut-être trouveras-tu des solutions aux conflits que tu pourrais vivre.

 1. Discute de la situation suivante avec tes camarades. Si tu étais à la place de Roxane, que ferais-tu ?

> C'est samedi. Roxane veut écouter de la musique avec son amie Audrey. À peine sont-elles installées dans la chambre de Roxane, qu'Antonin entre en trombe. Antonin, c'est le petit frère de Roxane. Il a cinq ans. « C'est toujours pareil, crie Roxane, les yeux comme des fusils. Chaque fois qu'une amie vient jouer avec moi, il faut que tu nous déranges. Va jouer ailleurs ! »

Quand tu donneras ton point de vue, essaie d'éviter cette erreur, qu'on entend souvent :

On ne doit pas dire :
« Si **je serais** à la place de Roxane, je... »

On doit dire :
« Si **j'étais** à la place de Roxane, je... »

2. Voici d'autres situations de conflits entre enfants. Discutes-en avec tes camarades.

- Forme une équipe avec deux autres élèves.
- Ensemble, lisez les trois situations et choisissez-en une.
- Relisez la situation, puis répondez aux questions.

A Chaque jour après l'école, Thomas arrive à la maison le cœur gros. Il s'enferme dans sa chambre et se met à donner des coups de poing dans son oreiller. « Personne ne veut de moi dans son équipe. Je suis toujours seul... On dirait que les autres me fuient quand je veux jouer avec eux. Je ne veux plus aller à l'école ! »

- Quels sentiments Thomas éprouve-t-il ? Pourquoi ?
- Que feriez-vous à sa place ?

B Dans l'autobus, au retour d'une compétition de judo, Kania est rouge de colère. « Arrête de me donner des coups ! dit-elle à Graziella. Arrête de me crier des bêtises ! Tu n'es qu'une jalouse ! Tu me fais mal parce que j'ai gagné la médaille d'or ! »

- Quels sont les sentiments de Kania ? Quels sont ceux de Graziella ?
- Quels conseils leur donneriez-vous ?

C « Donne-moi tes biscuits ! dit Nicolas à Virginie, d'un ton ferme. Je sais que tu en as. Tu me les donnes ou je les prends moi-même ! » Si Virginie pouvait se rendre à l'école à pied... elle le ferait. Elle éviterait ainsi de se trouver dans l'autobus avec Nicolas. Depuis trois semaines, elle se sent obligée de lui donner sa collation.

- Quels sentiments Virginie éprouve-t-elle ?
- Quels conseils lui donneriez-vous ?

3. Soumettez les solutions que vous avez trouvées aux autres élèves de la classe. Discutez-en avec eux.

4. Écris tes réflexions dans ton journal de bord. Inspire-toi des questions de la fiche qu'on te remettra.

 As-tu le goût de lire des romans qui parlent de chicanes entre enfants ? Va voir les suggestions qui te sont faites à la fin de ton manuel, page 260.

Comme dans les romans

Tu vas :

Résoudre des conflits

Comprendre
les dialogues

Les romans pour les jeunes de ton âge fourmillent de scènes inspirées de la vie de tous les jours. C'est ce qui les rend passionnants. En regardant des personnages vivre, on se découvre un peu soi-même.

1. Des chicanes entre enfants, il y en a aussi dans les récits. À preuve, l'histoire de Simon.

- Observe le titre et les illustrations de l'histoire qui suit.
- Selon toi, qu'est-ce qui va se passer ?

2. Lis le texte.

Comment vais-je m'en sortir ?

Je suis très content de moi. J'ai réussi à me rendre jusque dans la cour de l'école sans rencontrer Christophe.

Depuis quelques jours, il m'accoste chaque matin pour que je lui donne ma collation. Et il ne me la demande pas gentiment.

La première fois, il m'a dit :

« Yo ! Le p'tit ! Montre-moi donc ce que tu as dans ton sac aujourd'hui. »

D'accord, Christophe est plus grand que moi. C'est normal, il est en cinquième et moi, seulement en troisième. Mais je ne suis pas si petit que ça. Et mon nom, ce n'est pas « le p'tit », c'est Simon.

Cette première fois, j'ai été tellement surpris que j'ai obéi sans réfléchir. J'ai vite ouvert mon sac. Ce jour-là, ma collation, c'était un paquet de nouilles sèches. Christophe l'a pris et il a écrasé toutes les nouilles du bout des doigts en disant :

— Pas mal ! Mais, demain, je veux un rouleau aux fruits.

— Cette semaine, ma mère a juste acheté des paquets de nouilles.

— Arrange-toi pour avoir ma collation préférée demain. Tu es prévenu. Je veux un rouleau aux fruits ou gare à toi !

Gare à moi ! Qu'est-ce qu'il va me faire ?

Je n'ai rien demandé à ma mère. J'ai pris l'argent nécessaire dans ma tirelire et je suis allé acheter un rouleau aux fruits. Le lendemain, bien malgré moi, je l'ai remis à Christophe.

« O.K. ! J'en veux un autre demain », a-t-il dit.

Alors j'ai compris qu'il ne se contenterait pas de m'en avoir demandé une fois. Il va m'en demander chaque jour… jusqu'à la fin de ma vie !

J'ai essayé de résister. J'ai dit :

— Je ne veux pas te donner une collation chaque jour.

— Quoi ? Tu ne veux pas ? Penses-tu que tu as le choix ? a répondu Christophe.

Il s'est avancé tout contre moi pour me dire ça. Il a levé la main. J'ai pensé qu'il allait me frapper. Il a plutôt saisi le devant de ma veste et l'a tenu serré dans son poing. Il m'a regardé durement dans les yeux. Puis, il m'a lâché et il est parti sans rien dire de plus.

J'ai encore pris de l'argent dans ma petite tirelire. Qu'est-ce que je vais faire quand elle sera vide ? Que va-t-il m'arriver si je ne peux plus donner à Christophe ce qu'il exige ?

Aujourd'hui, j'ai réussi à lui échapper. Mais que va-t-il se passer demain ? Et les prochains jours ?

3. Partage tes premières impressions avec tes camarades.

• As-tu aimé cette histoire ? Qu'est-ce que tu as préféré ? Qu'est-ce que tu as le moins aimé ?

• Quels sentiments as-tu éprouvés en lisant cette histoire ?

• Es-tu d'accord avec ce que fait Christophe ? Pourquoi ?

4. Forme une équipe avec deux camarades. Ensemble, inventez une saynète qui fera suite à l'histoire de Christophe et de Simon. Dans votre saynète,

• vous devez présenter une solution au conflit entre Christophe et Simon ;

• vous devez inventer un dialogue entre les deux garçons ;

• vous pouvez ajouter un autre personnage, ou encore un narrateur ou une narratrice.

5. Jouez votre saynète devant les élèves de la classe. Après chaque saynète, discutez-en ensemble en vous inspirant des questions suivantes.

- Quelle solution l'équipe a-t-elle présentée ?
- Est-ce que cette solution est acceptable ? Pourquoi ?

6. Après avoir vu toutes les saynètes, poursuis la discussion avec les élèves de ta classe. Si tu vivais ou si tu étais témoin d'une situation semblable, qu'est-ce que tu ferais ? Explique ton point de vue.

7. Les saynètes que tu as vues présentaient toutes des dialogues.

- Comment reconnais-tu un dialogue dans une saynète ?
- Retourne au texte *Comment vais-je m'en sortir ?* Quand un des personnages parle, comment le sais-tu ?
- Dans un texte, comment fais-tu pour savoir qui parle ?

8. Voici quelques indices pour t'aider à bien comprendre les dialogues dans les textes que tu lis.

Pour comprendre les dialogues

Lecture

Observe les indices suivants :

- Les paroles d'un personnage sont souvent précédées d'un tiret.

  Ex. : — Pas mal ! Mais, demain, je veux un rouleau aux fruits.

- Parfois, les paroles du personnage sont entre guillemets.

  Ex. : « Yo ! Le p'tit ! Montre-moi donc ce que tu as dans ton sac aujourd'hui. »

- Avant ou après les paroles d'un personnage, une phrase précise quel personnage parle.

  Ex. : J'ai dit :

  — Je ne veux pas te donner une collation chaque jour.

  — Quoi ? Tu ne veux pas ? Penses-tu que tu as le choix ? **a répondu Christophe.**

Se comprendre

Tu vas :

Lire des histoires tirées de romans

Résoudre des conflits

Travailler harmonieusement avec d'autres

Tu le sais déjà : ce n'est pas facile de s'entendre avec tout le monde. C'est particulièrement difficile quand il s'agit de personnes qu'on n'a pas choisies. Lorsque deux personnes se rencontrent, il se produit une chimie : le mélange est souvent harmonieux, mais parfois, il est explosif.

1. Dans le recueil (p. 149 à 170), tu trouveras des histoires d'enfants qui forment un mélange plutôt explosif. Lis la présentation qui suit et choisis l'histoire qui t'intéresse. Les textes portent sur :

- des disputes entre frères et sœurs :

   Marie la chipie
   Comment se débarrasser de Puce
   Lili et moi

- des disputes entre enfants d'une même école :

   Sophie devient sage
   Le démon du mardi

- une dure compétition entre deux enfants :

   Tricot, piano et jeu vidéo

- les problèmes d'un nouveau à l'école :

   Ils m'embêtent tout le temps !

2. Observe le titre et les illustrations du texte que tu as choisi. Pense aussi à tes expériences personnelles. Fais des prédictions sur l'histoire que tu vas lire.

3. Lis le texte que tu as choisi.

4. Forme une équipe avec deux camarades qui ont lu le même texte que toi. Ensemble, partagez vos impressions.

- Est-ce que l'histoire ressemble à quelque chose que vous avez déjà vu ou vécu ?
- Qu'est-ce que vous avez aimé dans cette histoire ? Y a-t-il des aspects que vous avez moins appréciés ?

5. Toujours en équipe, réfléchissez à l'histoire que vous avez lue. Utilisez la fiche de lecture qu'on vous remettra.

- Déterminez vos rôles pour la discussion. Chaque membre de l'équipe doit adopter un point de vue différent : celui d'un des deux personnages ou celui du témoin de l'histoire.
- Répondez individuellement aux questions qui vous sont posées.
- Discutez de vos réponses avec les membres de l'équipe.
- Cherchez ensemble une solution au conflit entre les personnages.

6. Partage tes impressions avec les élèves de ta classe.

- As-tu eu de la difficulté à te mettre dans la peau d'un personnage ou à être le témoin de l'histoire ? Explique ta réponse.
- As-tu déjà vu ou vécu des conflits semblables à ceux qui sont racontés dans ces récits ?
- À ton avis, est-ce qu'il y a toujours une solution à un conflit entre des personnes ? Explique ta réponse.
- Maintenant que tu as lu un extrait d'un roman, as-tu le goût de lire le livre en entier ?

Faire la paix

Tu vas :

Résoudre des conflits

Travailler harmonieusement avec d'autres

Tous les conflits finissent un jour par se résoudre, à la condition que chacun « mette de l'eau dans son vin ». Sais-tu ce que cette expression veut dire ? Trouve le sens de cette expression. Ensuite, tu pourras trouver une façon de résoudre le conflit entre les personnages de l'histoire que tu as lue.

Planification

1. Retrouve les membres de ton équipe. Ensemble,

- rappelez-vous l'histoire que vous avez lue : pourquoi les personnages sont-ils en conflit ?
- rappelez-vous aussi la solution que vous avez trouvée à la fin de votre discussion.

2. Réécrivez l'histoire dans vos mots et inventez une suite.

- Déterminez les responsabilités de chaque membre de l'équipe : chaque personne écrira une partie de l'histoire.
- Aidez-vous des questions qui suivent pour écrire votre histoire.

Le début de l'histoire
- Quels sont les personnages de l'histoire ?
- Pourquoi ont-ils de la difficulté à s'entendre ?

La solution
- Comment les personnages arriveront-ils à faire la paix ?
- Y aura-t-il d'autres personnages ? Quel sera leur rôle dans l'histoire ?

La conclusion
- Comment votre histoire se terminera-t-elle ?
- Les personnages seront-ils satisfaits de la conclusion ? Comment l'exprimeront-ils ?

3. As-tu une bonne idée de ce que tu vas écrire ? As-tu besoin d'autres idées ? Avant de commencer à rédiger ton texte, imagine-le dans ta tête.

Rédaction et révision

1. Fais un premier jet du texte que tu as en tête.

- Laisse assez d'espace pour pouvoir retravailler ton texte une fois que tu en auras discuté en équipe.
- Si tu doutes de l'orthographe d'un mot, indique-le à mesure que tu écris.

2. Retrouve les membres de ton équipe. À tour de rôle, lisez la partie du texte que vous avez écrite. Discutez de chaque partie et faites des suggestions pour l'améliorer.

- Est-ce qu'on comprend bien le lien entre votre partie de texte et l'histoire que vous avez lue ?
- Est-ce que la solution au conflit est claire ?
- Est-ce que la conclusion est logique ? Est-ce qu'on comprend bien les sentiments des personnages ?

3. Apporte à ton texte les modifications décidées en équipe.

Correction

LES MOTS ET LES PHRASES

Syntaxe

Tu vas :

Exprimer une condition

Utilise ton cahier au besoin.

1. À l'étape « Exploration », tu as appris à exprimer une condition. Observe bien cette phrase qui exprime une condition :

Si tu **venais** chez moi , nous **pourrions** jouer ensemble .

la condition   la conséquence (ce qui se passerait alors)

- Après « si », on met le verbe à l'imparfait : « venais » est l'imparfait du verbe « venir ».
- Le verbe « pourrions » est le conditionnel du verbe « pouvoir ».
- On pourrait aussi inverser les deux parties de cette phrase :

Nous pourrions jouer ensemble si tu venais chez moi .

la conséquence (ce qui se passerait alors)   la condition

2. Transcris les phrases ci-dessous dans un tableau comme celui-ci.

la condition Si	la conséquence (ce qui se passerait alors)
Ex. : Si tu venais chez moi,	nous pourrions jouer ensemble.

A Si Lili revenait habiter avec moi, je serais beaucoup plus aimable avec elle.

B Si Pierrot avait des amis, il serait plus heureux à l'école.

C Sophie serait bien contente si elle obtenait le rôle de Masto l'éléphant.

D Si Damien avait gagné une partie, il n'aurait pas brisé le jeu vidéo de Raphaël.

E Julien parlerait plus souvent à Gabrielle si Lucie n'était pas toujours derrière lui.

Tu vas :

Construire des phrases négatives

3. Tu sais déjà qu'il faut deux mots de négation dans une phrase négative.

Ex. : Zoé **ne** voulait **pas** se disputer avec les membres de son équipe.

Quels sont les mots de négation dans les phrases suivantes ?

A Maxime ne veut plus agacer les enfants plus petits que lui.

B Claudia ne dit jamais de bêtises à ceux qui ne sont pas ses amis.

C Emmanuelle n'a vu personne à la patinoire.

Tu vas :

Écrire des dialogues

4. Sais-tu comment écrire des dialogues dans un texte ? Discutes-en avec les membres de ton équipe.

- Comment écrivez-vous des dialogues actuellement ?
- Observez les dialogues dans les textes *Sophie devient sage* (p. 156) et *Tricot, piano et jeu vidéo* (p. 160). Comment sont-ils écrits ?
- Élaborez une stratégie pour écrire des dialogues, puis donnez un exemple.

5. Discutez de votre stratégie avec les élèves de la classe.

- Votre stratégie est-elle complète ?
- Comparez-la à celle qui suit.

Pour écrire des dialogues

1° Quand un personnage commence à parler, je change de ligne et je mets un tiret au début des paroles du personnage.

Ex. : Manuela vit Christophe qui s'ennuyait.
— Eh ! Attends-moi.

2° Au besoin, pour que mon texte soit plus clair, j'ajoute une phrase qui indique quel personnage parle et, parfois aussi, à qui il parle.

Je sépare cette phrase et les paroles du personnage par une virgule, sauf si les paroles se terminent par un point d'interrogation (?) ou un point d'exclamation (!).

Ex. : — Eh ! Attends-moi, lui cria Manuela.

3° Chaque fois qu'un autre personnage parle, je change de ligne et je mets un autre tiret.

Ex. : — Eh ! Attends-moi, lui cria Manuela.
— Je n'ai pas le temps ! répondit son ami.

6. En équipe, repérez les dialogues dans l'histoire que vous avez composée. Servez-vous de votre stratégie ou de celle présentée ci-dessus pour vérifier si les dialogues sont bien écrits. Corrigez-les au besoin.

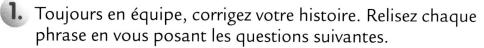

1. Toujours en équipe, corrigez votre histoire. Relisez chaque phrase en vous posant les questions suivantes.

- Est-ce que la phrase commence par une majuscule et se termine par un point?
- Est-ce qu'elle est claire et bien structurée?
- Voulez-vous y apporter des modifications?

L'ORTHOGRAPHE

Orthographe grammaticale

Tu vas:

Conjuguer les verbes à différents temps

> Utilise ton cahier au besoin.

1. Dans ce projet, tu as appris à employer l'imparfait et le conditionnel pour exprimer une condition. Observe maintenant comment se conjuguent les verbes à l'imparfait.

- Quelles sont les terminaisons de l'imparfait?
- Y a-t-il des ressemblances avec les terminaisons du présent?

A Je chant**ais** dans ma baignoire.

B Tu jou**ais** à un jeu vidéo.

C Fabienne termin**ait** son casse-tête.

D Nous ressembl**ions** à de vrais amis.

E Vous écout**iez** nos chuchotements.

F Nos parents admir**aient** notre entente.

2. Écris le verbe « donner » à l'imparfait dans les phrases suivantes.

A Xavier ▮▮▮▮ souvent des cadeaux à son petit frère.

B Dans cette classe, les élèves se ▮▮▮▮ facilement de bonnes idées pour leurs textes.

C Quand tu étais petit, tu ▮▮▮▮ tes jouets à ta petite sœur.

3. Les terminaisons du conditionnel ressemblent un peu à celles de l'imparfait. Mais il y a une différence. Sauras-tu la trouver?

   A J'aime**rais** emprunter ton jeu.

   B Tu joue**rais** à un autre jeu pendant ce temps.

   C Miguel cherche**rait** de nouvelles idées de jeux pour nous.

   D Nous partage**rions** nos découvertes.

   E Vous donne**riez** des idées originales à tous vos amis.

   F Vos amis admire**raient** votre créativité.

4. En équipe, composez trois phrases dans lesquelles il y a un verbe au conditionnel.

5. La conjugaison du futur ressemble beaucoup à celle du conditionnel. Observe les phrases suivantes; elles sont au futur. Trouve les ressemblances et les différences entre ces deux temps.

   A Je participe**rai** à une compétition de gymnastique.

   B Tu accompagne**ras** l'équipe.

   C Félicie apporte**ra** des photos de son tournoi de hockey.

   D Nous voyage**rons** ensemble dans l'autobus.

   E Vous donne**rez** votre appréciation de la compétition.

   F Les entraîneurs félicite**ront** tous les participants.

6. Complète les phrases suivantes par un verbe qui convient. Écris-le au futur. Compare tes verbes à ceux des membres de ton équipe.

   A Mathieu ▮▮▮▮ à un spectacle de patin.

   B Les parents ▮▮▮▮ les talents de leur fils.

   C Tu ▮▮▮▮ toi aussi au spectacle.

2. Corrige ton texte en relisant une phrase à la fois.

- Repère les groupes du nom : vérifie si le déterminant, le nom et l'adjectif sont bien accordés.
- Repère le verbe et assure-toi qu'il est bien accordé.
- Vérifie l'orthographe d'usage de tous les mots.

3. Fais vérifier tes corrections par un membre de l'équipe.

4. Reviens en équipe. Ensemble,

- décidez comment vous allez transcrire votre histoire : à la main ou à l'aide d'un logiciel de traitement de texte ;
- prévoyez les illustrations à ajouter.

5. Transcris ton texte en respectant les décisions prises en équipe. Conserve-le dans ton portfolio.

6. En équipe, trouvez cinq mots de votre texte que vous avez eu de la difficulté à orthographier.

- Vérifiez l'orthographe de ces mots dans votre liste orthographique ou dans un dictionnaire.
- Discutez des meilleurs moyens de vous rappeler leur orthographe.
- Transcrivez ces mots dans votre cahier ou votre carnet d'orthographe.

Orthographe d'usage

7. Observe comment se prononce la lettre « c » dans le mot « vacances ».

- Le « c » se prononce [k] dans la syllabe « can » ; on dit alors que le « c » est dur.
- Le « c » se prononce [s] dans la syllabe « ces » ; on dit alors que le « c » est doux.

8. Observe les mots ci-dessous et prononce-les pour déterminer si le « c » est dur ou s'il est doux. Classe ensuite ces mots en deux colonnes dans un tableau comme celui-ci.

Le « c » est dur. Il se prononce [k].	Le « c » est doux. Il se prononce [s].

avocat, cabane, cadeau, calcul, caméra, camion, canard, capable, céréale, cinéma, citron, colle, conflit, congé, côté, couteau, cube, cuiller, cuisine, difficile, douceur, face, facile, farce, foncé, force, glace, locomotive, menace, merci, pince, puce, racine

9. Place-toi en équipe. Ensemble,
- observez le tableau que vous venez de faire;
- trouvez une explication : quand le « c » est-il doux ? quand est-il dur ?
- discutez de votre explication avec les autres élèves de la classe.

10. Comment se prononcent les mots suivants ? Comment s'écrivent-ils ?
agaçant, balançoire, ça, façon, français, garçon, leçon
- Pourquoi met-on une cédille sous le « c » ?
- Mémorise l'orthographe de ces mots.

11. Observe la conjugaison du verbe « lancer » au présent et à l'imparfait. Quand met-on une cédille sous le « c » ?

Présent	Imparfait
je lance	je lançais
tu lances	tu lançais
il lance	elle lançait
nous lançons	nous lancions
vous lancez	vous lanciez
elles lancent	ils lançaient

12. D'autres verbes se conjuguent comme « lancer ».
agacer, avancer, balancer, bercer, commencer, divorcer, exercer et s'exercer, forcer, percer, placer
- Conjugue deux de ces verbes au présent et à l'imparfait.
- Observe ces verbes et mémorise-les.

Quand chiens et chats font bon ménage

Tout au long de ce projet, tu as assisté à des disputes et tu as cherché des solutions aux conflits qui surviennent parfois entre enfants. Voici le moment de partager tes découvertes avec tes camarades.

 1. Place-toi en équipe. Décidez ensemble comment vous allez présenter votre histoire à vos camarades. Exercez-vous à la lire d'une manière vivante.

 2. Présentez votre histoire à toute la classe. Écoutez également les histoires des autres.

 3. Discute des histoires de chaque équipe avec tes camarades.
- L'histoire est-elle intéressante ?
- L'équipe a-t-elle trouvé une façon acceptable de résoudre le conflit entre les personnages ?
- Y aurait-il eu d'autres solutions possibles ?

4. Poursuis la discussion en faisant le bilan de ce projet.
- Rappelle-toi les étapes du projet. Quelle étape as-tu préférée ? Pourquoi ?
- As-tu fait des découvertes au cours de ce projet ? Lesquelles ?
- Crois-tu qu'il y a toujours une solution à un conflit ? Explique ton point de vue.

5. Fais ton bilan personnel à l'aide de la fiche qu'on te remettra.

Projet 3

Le grand livre de l'écriture

Si tu vivais au Japon, en Israël, en Grèce, en Russie ou au Liban, le livre que tu tiens dans tes mains serait écrit tout autrement. En effet, il existe dans le monde des écritures différentes de celle que tu connais. Avec ce projet, tu entreprendras une aventure fascinante dans l'univers de l'écriture.

Le but du projet

Au cours de ce projet, tu vas rédiger une page du grand livre de l'écriture. Ce livre sera exposé à la bibliothèque de ton école.

Les étapes à suivre

1. Tu vas explorer le rôle de l'écriture dans ta vie et dans différentes sociétés.

2. Tu vas découvrir l'origine du papier, qui a révolutionné l'écriture.

3. Grâce aux textes du recueil, tu pourras suivre la fascinante histoire de l'écriture.

4. Tu vas composer une page du grand livre de l'écriture.

5. Tes camarades et toi, vous allez exposer votre grand livre à la bibliothèque. Ensuite, tu vas faire le bilan de ce projet.

Tu vas apprendre à :

- évaluer l'importance de l'écriture dans ta vie personnelle ;
- sélectionner des informations ;
- formuler une explication claire ;
- travailler en coopération ;
- utiliser le bon temps de verbe ;
- employer des mots qui indiquent le temps ;
- conjuguer les verbes au passé composé.

Il y a très, très longtemps...

Tu vas :

Évaluer l'importance de l'écriture dans ta vie personnelle

Il y a des siècles et des siècles, l'écriture telle que tu la connais n'existait pas encore. À ton avis, qu'est-ce qui a bien pu pousser nos ancêtres à se donner ce moyen de communication ?

1. Forme une équipe avec quelques camarades. Ensemble, remontez dans le temps. Faites un saut à une époque où l'écriture n'existait pas encore.

- Lisez les situations suivantes et choisissez celle qui vous intéresse le plus.
- Discutez de la situation choisie et trouvez des solutions au problème.

> Vous gouvernez un immense royaume et vous voulez faire connaître vos lois à tous vos sujets. Comment ferez-vous ?

> Vous êtes à la tête d'une grande armée partie en expédition aux confins du royaume. Comment ferez-vous connaître le résultat de votre mission à votre roi ou à votre reine ?

> Vous élevez des moutons et vous faites des échanges avec d'autres fermiers qui ont de la viande de bœuf et de la farine. Comment vous rappellerez-vous le nombre de moutons que vous avez échangés ? à qui vous devez des moutons ? qui vous doit des bœufs ? de la farine ?

> Votre peuple a traversé des montagnes, affronté des ennemis et défriché péniblement le territoire qu'il occupe. Vous aimeriez faire connaître votre histoire aux générations à venir. Comment ferez-vous ?

2. Communiquez à la classe le problème dont vous avez discuté et les solutions que vous avez trouvées. Écoutez le compte rendu des autres équipes.

3. À ton avis, qu'est-ce qui a poussé les humains à inventer l'écriture ? Partage tes idées avec tes camarades.

4. L'écriture est-elle importante dans ta vie ?
- Dans ton journal de bord, note quelques situations où tu trouves l'écriture utile.
- Communique les résultats de ta réflexion à tes camarades.

5. Au cours de ce projet, tu vas apprendre comment des peuples anciens ont inventé leur écriture et d'où viennent les chiffres. Tu vas aussi découvrir le rôle de l'imprimerie et de l'ordinateur dans l'histoire de l'écriture.
- Partage avec tes camarades les questions auxquelles tu aimerais répondre dans ce projet.
- Note tes questions dans ton journal de bord.
- Regarde les bilans des deux derniers projets ; tu les avais rangés dans ton portfolio. Décide ce que tu veux améliorer en lecture ou en écriture.

Te poses-tu des questions sur les peuples anciens ? Aimerais-tu savoir comment ils s'habillaient ? ce qu'ils mangeaient ? Écris ta question et dépose-la dans la boîte aux questions.

Tu pourras aussi trouver des réponses à tes questions en consultant les suggestions de lectures à la fin de ton manuel.

De la pierre au livre électronique

Tu vas :

Sélectionner
des informations
Formuler
une explication claire

Le livre que tu as entre les mains est imprimé sur du papier. C'est banal, diras-tu. Mais, sais-tu que l'écriture a été inventée bien avant le papier ? À ton avis, est-ce que les livres seront toujours imprimés sur du papier ?

1. Discute des deux questions suivantes avec tes camarades. Sers-toi de tes connaissances et fais des hypothèses.

   • Avant l'invention du papier, sur quoi nos ancêtres écrivaient-ils ?

   • Où et quand le papier a-t-il été inventé ?

2. Lis le texte *L'invention du papier*. Tu pourras vérifier si tes connaissances et tes hypothèses sont justes.

L'invention du papier

Depuis les débuts de l'écriture, on a écrit sur toutes sortes de matériaux. L'écriture pouvait être gravée dans la pierre ou dans le bois, inscrite sur des tablettes d'argile, tracée sur des étoffes ou sur des lamelles de bois.

C'est en l'an 105 qu'un Chinois, Caï-lun, a tout révolutionné. Il a eu l'idée de faire une bouillie avec des débris d'écorce, de chanvre, de chiffons et de filets de pêche. Il a ensuite pressé cette bouillie et l'a fait sécher, ce qui lui a donné une matière plutôt lisse. On a appelé ce produit le papier.

Très vite, la fabrication du papier a gagné toute la Chine, même les régions les plus éloignées. Le papier représentait un grand progrès : il était simple à fabriquer, il ne coûtait pas cher et il était facile à manipuler. Il remplaçait avantageusement la soie, qui était coûteuse ainsi que les planchettes de bambou et les lattes de bois, qui étaient difficiles à manier.

Des chiffons au bois

À cette époque, le papier était surtout fait de chiffons. Les chiffonniers ramassaient les vêtements usés. Les chiffons étaient ensuite découpés en petits morceaux, puis broyés avec beaucoup d'eau. On obtenait alors une pâte que l'on faisait égoutter et sécher. C'est ainsi que l'on fabriquait le papier.

Avec le temps, on a manqué de chiffons pour faire tout le papier dont on avait besoin. En 1719, un savant français, Réaumur, a pensé à remplacer les chiffons par du bois. Mais c'est finalement en 1840 que Keller, un Allemand, a réussi à faire de la pâte à papier à partir du bois.

Depuis, on produit le papier en grande quantité. Il est maintenant fait dans d'immenses usines, qu'on appelle des papetières. Celles-ci nécessitent de très grandes quantités de bois.

Jadis, on a manqué de chiffons… Pourrait-on, un jour, manquer de bois ?

Jusqu'en Europe

En 751, des Chinois faits prisonniers par les Arabes ont transmis le secret de la fabrication du papier. À leur tour, les Arabes l'ont répandu au fur et à mesure de leurs conquêtes. C'est ainsi que l'Espagne en est venue à connaître le papier, au 12e siècle. De là, la fabrication du papier s'est propagée à toute l'Europe. En 1348, les Français créaient leur première fabrique de papier, à Troyes.

Certains fabriquent encore leur papier de façon artisanale comme on peut le voir sur ces photos.

TAMISAGE

La pâte de papier est tamisée. C'est ce qui donne la feuille.

COUCHAGE

La feuille est déposée sur un feutre.

PRESSAGE

Les feuilles sont pressées pour extraire le maximum d'eau.

3. Reviens aux deux questions de l'activité 1 et discutes-en avec tes camarades.

- Est-ce que tes connaissances et tes hypothèses étaient justes ?
- Maintenant que tu as lu le texte, comment répondrais-tu à ces deux questions ?
- Qu'as-tu appris de nouveau ?

4. En arrivant chez toi, tu voudras sûrement expliquer comment le papier a été inventé. Mets-toi en équipe avec des camarades pour préparer ton explication.

- Ensemble, relisez le texte *L'invention du papier*. Expliquez dans vos mots d'où vient le papier.
- Nommez un ou une porte-parole qui communiquera votre explication à la classe.

5. Écoute les réponses de chaque équipe. Si tu es porte-parole, communique la réponse de ton équipe.

- Est-ce que les explications contiennent toutes les informations importantes ?
- Est-ce que la formulation des explications est claire ?

6. Quelle démarche ton équipe a-t-elle suivie pour arriver à une explication ?

7. Voici une stratégie qui peut t'aider à sélectionner des informations et à formuler ainsi une explication dans tes mots.

Pour sélectionner des informations dans un texte

1° Je me fais un schéma du texte dans ma tête. Pour cela, je regarde les intertitres (c'est-à-dire les titres dans le texte). Je regarde aussi la première phrase de chaque paragraphe.

2° Je cherche dans quelle partie du texte je peux trouver les informations désirées.

3° Je lis la partie du texte qui porte sur les informations que je cherche.

4° Je cherche la phrase ou les phrases qui répondent à ma question.

5° Je lis cette phrase ou ces phrases.

6° Je reviens à ma question : je rédige une réponse claire en me servant des informations que j'ai trouvées dans le texte.

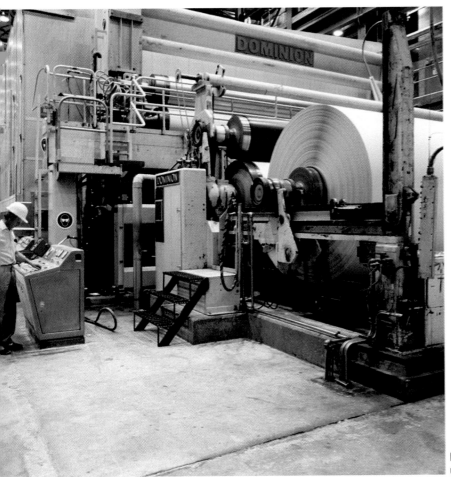

De nos jours, le papier est fait dans d'immenses usines ultramodernes.

8. Retrouve les membres de ton équipe.

- En vous servant de cette stratégie, répondez dans vos mots à la question suivante : Comment les Européens ont-ils connu l'existence du papier ?

- Dites votre réponse à vos camarades.

9. Est-ce que les explications formulées par les équipes sont complètes ? claires ? Quelles améliorations voudrais-tu leur apporter ?

L'histoire de l'écriture

Tu vas :

Sélectionner des informations

Travailler en coopération

Voilà 6000 ans que les humains savent écrire ! Pourtant, l'histoire de l'écriture n'est pas terminée : on invente encore aujourd'hui des moyens extrêmement rapides pour faire parvenir des messages partout dans le monde.

1. Voici des moments importants dans l'histoire de l'écriture.

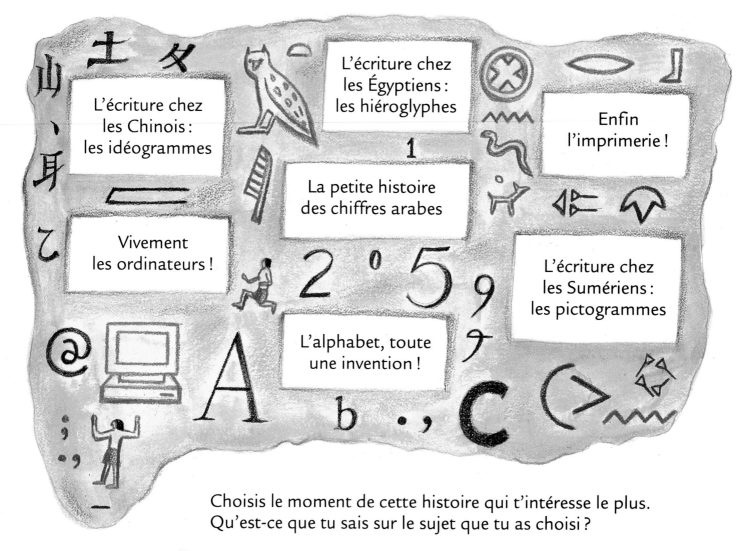

L'écriture chez les Chinois : les idéogrammes

L'écriture chez les Égyptiens : les hiéroglyphes

Enfin l'imprimerie !

La petite histoire des chiffres arabes

Vivement les ordinateurs !

L'écriture chez les Sumériens : les pictogrammes

L'alphabet, toute une invention !

Choisis le moment de cette histoire qui t'intéresse le plus. Qu'est-ce que tu sais sur le sujet que tu as choisi ?

2. Trouve le texte du recueil (p. 171 à 184) qui parle de ce moment de l'histoire. Survole ton texte pour avoir une idée plus précise du sujet.

3. Lis le texte que tu as choisi. Arrête régulièrement pendant ta lecture pour résumer ce que tu as lu et pour faire des prédictions sur la suite du texte.

4. Forme une équipe avec des élèves qui s'intéressent au même sujet que toi. Ensemble, discutez du texte que vous avez lu.
- Quelles informations vous ont frappés le plus dans ce texte ?
- Y a-t-il des passages que vous avez trouvés difficiles à comprendre ? Ensemble, essayez de les comprendre en vous les expliquant.

5. Remplis la fiche de lecture qu'on te remettra. Elle te permettra de garder des notes de ta lecture. Écris seulement les mots et les passages que tu juges importants pour répondre à ta question.

6. Retrouve les membres de ton équipe. Planifiez votre travail.
- Lisez la tâche à faire :
  - comparer les notes prises et les compléter au besoin ;
  - formuler une réponse claire et complète aux questions de la fiche.
- Déterminez les rôles dans l'équipe. Qui animera la discussion ? Qui fera le compte rendu de votre travail à la classe ?

7. Évaluez votre travail. Est-ce que la discussion en équipe s'est bien déroulée ? Qu'est-ce que vous voudriez améliorer ?

8. Avec les élèves de ta classe, retrace la longue histoire de l'écriture.

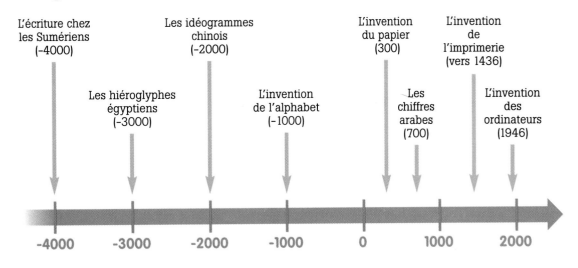

L'écriture chez les Sumériens (-4000)

Les idéogrammes chinois (-2000)

L'invention du papier (300)

L'invention de l'imprimerie (vers 1436)

Les hiéroglyphes égyptiens (-3000)

L'invention de l'alphabet (-1000)

Les chiffres arabes (700)

L'invention des ordinateurs (1946)

-4000   -3000   -2000   -1000   0   1000   2000

Une page à la fois

Tu vas :

Travailler
en coopération

Grâce à l'écriture, tu vas pouvoir partager tes connaissances avec des élèves de ton école. Compose une page du grand livre de l'écriture qui sera exposé à la bibliothèque.

Planification

1. Retrouve les membres de ton équipe. Ensemble, organisez votre travail.

   - Lisez le travail à faire : il est expliqué en détail à l'activité 2.
   - Rappelez-vous les améliorations à apporter dans votre travail d'équipe.
   - Déterminez les rôles. Qui animera votre discussion ? Qui prendra des notes ? Y a-t-il quelqu'un qui se chargera de faire respecter le temps ?

2. Planifiez les pages à écrire.

   - Relisez les notes prises sur votre fiche de lecture.
   - Choisissez les informations à mettre dans votre texte.
   - Décidez quelles informations iront sur chaque page. Pensez aux illustrations qui accompagneront vos textes.
   - Déterminez qui sera responsable de chaque page.

Rédaction et révision

1. Rédige la page dont tu es responsable.

- Formule clairement tes idées.
- Si tu doutes de l'orthographe d'un mot, indique-le à mesure que tu rédiges ton texte.
- Laisse assez d'espace entre les lignes pour améliorer ton texte.

2. Relis ton texte en te posant les questions suivantes :

- Est-ce que le texte contient toutes les informations dont vous aviez décidé de parler en équipe ?
- Est-il facile à comprendre ?

LES MOTS ET LES PHRASES

Syntaxe et vocabulaire

Utilise ton cahier au besoin.

Tu vas :

Utiliser le bon temps de verbe

1. À quel moment se situent les événements racontés dans les phrases ci-dessous : dans le passé, le présent ou le futur ? Comment le sais-tu ?

A L'écriture des Sumériens comptait environ 1500 pictogrammes.

B De nos jours, l'alphabet arabe compte 28 lettres.

C Il y a très longtemps, les Égyptiens ont inventé un très beau système d'écriture.

D Aujourd'hui, les Égyptiens n'écrivent plus avec des hiéroglyphes.

E Dans quelques années, tu liras des romans dans un livre électronique.

2. Lorsque tu écris, tu dois bien situer les événements dont tu parles si tu veux que les lecteurs comprennent ton texte. Pour cela, tu disposes de deux moyens :

- conjuguer le verbe au temps qui convient ;
- employer des mots qui indiquent le temps.

3. Le verbe se conjugue à différents temps. Observe le schéma qui suit.

Les événements se situent :	dans le passé	dans le présent	dans le futur
Le verbe se conjugue :	à l'imparfait au passé composé	au présent	au futur proche au futur simple

- Dans la phrase A de la page précédente, « comptait » est le verbe « compter » à l'imparfait.
- Dans la phrase B, « compte » est le verbe « compter » au présent.
- Dans la phrase C, « ont inventé » est le verbe « inventer » au passé composé.
- Dans la phrase D, « écrivent » est le verbe « écrire » au présent.
- Dans la phrase E, « liras » est le verbe « lire » au futur simple. On aurait pu aussi écrire « tu vas lire », qui est le futur proche de « lire ».

4. À quel temps les verbes des phrases suivantes sont-ils conjugués ?

A L'homme préhistorique faisait des dessins sur les murs des cavernes.

B Beaucoup de personnes communiquent régulièrement par Internet.

C Un jour, chaque enfant aura son ordinateur à l'école.

D Les Phéniciens ont inventé une écriture différente. Ils ont élaboré un alphabet.

Tu vas :

Employer des mots qui indiquent le temps

5. Tu peux aussi employer des mots qui indiquent le temps pour mieux situer les événements dont tu parles. En voici quelques-uns.

- Des mots qui indiquent le passé : hier, autrefois, jadis, il y a longtemps, il y a quelques années, en ce temps-là, etc.
- Des mots qui indiquent le présent : aujourd'hui, actuellement, maintenant, de nos jours, etc.
- Des mots qui indiquent le futur : demain, plus tard, bientôt, dans quelques jours, etc.

3. Reviens en équipe.

- Ensemble, écoutez chaque texte lu par un membre de l'équipe en vous posant les questions suivantes.
  - Le texte est-il clair pour quelqu'un qui ne connaît pas le sujet ? Faudrait-il ajouter ou préciser des informations ?
  - Les verbes sont-ils employés au temps approprié ? Y a-t-il des modifications à apporter ?
- Suggérez des améliorations au texte, s'il y a lieu.

4. Fais les modifications que tu juges importantes.

Correction

Orthographe grammaticale

Tu vas :

Conjuguer les verbes au passé composé

1. Tu as constaté qu'on met souvent le verbe au passé composé lorsqu'on veut raconter des événements passés. Observe les phrases suivantes et repère les verbes. Qu'est-ce que tu remarques ?

A Les Chinois ont développé l'art de la calligraphie.

B L'invention du papier a révolutionné l'histoire de l'écriture.

C Grâce à l'écriture, l'humanité a conservé les plus belles légendes anciennes.

D Le premier alphabet est né sur les bords de la Méditerranée.

2. Le verbe au passé composé s'écrit en deux mots :

- le verbe « avoir » ou le verbe « être » au présent : on appelle ces verbes des **auxiliaires** parce qu'ils servent à conjuguer un autre verbe ;

- le participe passé du verbe.

Ex. : Les Chinois |ont| |développé| l'art de la calligraphie.

auxiliaire ◄┘ └► participe passé
« avoir » du verbe
au présent « développer »

Ex. : Le premier alphabet |est| |né| sur les bords de la Méditerranée.

auxiliaire « être » ◄┘ └► participe passé
au présent du verbe « naître »

3. Dans les phrases suivantes, les verbes sont conjugués au passé composé. Observe comment s'écrit l'auxiliaire.

A Tu as écrit une page du grand livre de l'écriture.

B Marie-Lyse a fait des découvertes sur l'histoire des chiffres.

C Des élèves ont composé une histoire fascinante.

4. Transcris les phrases suivantes en écrivant correctement l'auxiliaire « avoir ».

A J'☐ composé une histoire extraordinaire.

B Tu ☐ fait une recherche sur les hiéroglyphes.

C Juan ☐ lu cinq romans depuis Noël.

D Nous ☐ inventé un code secret.

E Vous ☐ découvert plusieurs écritures anciennes.

F Les parents ☐ visité notre exposition.

5. Quelques verbes au passé composé se conjuguent avec l'auxiliaire « être ». Observe comment s'écrit l'auxiliaire dans les phrases suivantes.

A Karim est né en Égypte.

B Mes parents sont allés en Grèce l'été dernier.

C Nous sommes revenus tard de la bibliothèque.

6. Transcris les phrases suivantes en écrivant correctement l'auxiliaire.

A Je ☐ parti à la bibliothèque.

B Marie ☐ arrivée tôt ce matin.

C Des parents ☐ venus travailler avec nous.

7. Discute avec les membres de ton équipe : comment s'écrit l'auxiliaire lorsque le verbe est conjugué au passé composé ? Donnez quelques exemples.

1. Corrige ton texte avec un ou une camarade de ton équipe. Ensemble, relisez chaque phrase en vous posant les questions suivantes.

- Est-ce que la phrase commence par une majuscule et se termine par un point ?
- Est-ce qu'elle est bien structurée ?
- Les mots qui font partie des groupes du nom sont-ils bien accordés ?
- L'auxiliaire des verbes au passé composé est-il bien accordé ? Les autres verbes sont-ils bien accordés ?
- Les mots sont-ils écrits correctement ?

2. Retrouve ton équipe et décidez ensemble comment vous allez disposer chaque page.

3. Transcris ton texte en respectant les décisions prises en équipe. Relis-le afin qu'il ne reste plus d'erreurs.

4. Dans ton texte, repère trois mots dont tu veux mémoriser l'orthographe. Observe ces mots attentivement, puis transcris-les dans ton cahier.

Orthographe d'usage

8. Voici quelques mots que tu as lus souvent au cours de ce projet. Observe bien comment s'écrivent ces mots et compare ceux qui appartiennent à une même famille. Mémorise l'orthographe de tous ces mots.

lettre, chiffre, alphabet, mot, papier
écrire, écriture, écrivain, écrivaine
lire, relire, lecteur, lectrice, lecture, livre
imprimer, imprimerie, imprimante

9. Comme tu viens de l'observer, le mot « lecteur » devient « lectrice » au féminin. Voici d'autres mots qui forment leur féminin de la même façon. Observe ces mots, puis mémorise leur orthographe.

acteur – actrice
amateur – amatrice
aviateur – aviatrice
conducteur – conductrice
facteur – factrice
moniteur – monitrice

10. Tu emploies souvent des mots qui indiquent à quel moment se situe un événement. Observe et mémorise ces mots et groupes de mots. Ils te seront sûrement utiles dans tes textes.

après, aujourd'hui, aussitôt, autrefois, avant, bientôt, hier, demain, ensuite, lendemain, maintenant, plus tard, plus tôt, soudain, tout à coup, tout à l'heure, tout de suite

11. Tu as déjà observé que le son [in] s'écrit souvent « in ». Par contre, il s'écrit « im » lorsqu'il est placé devant les lettres « b » et « p ». Voici d'autres façons d'écrire ce son. Classe ces mots dans un tableau comme le suivant, puis mémorise-les.

Le son [in] peut s'écrire :			
« ain »	« aim »	« ein »	« en »

bain, bien, ceinture, chien, crainte, demain, écrivain, examen, faim, frein, grain, main, maintenant, moyen, pain, parrain, peinture, rien, sain, saint, terrain

12. Il y a parfois des mots qui se prononcent de la même façon, mais qui s'écrivent différemment. On les appelle des **homophones**. Ces mots ont aussi des sens différents. En voici quelques-uns. Compose une phrase avec chacun d'eux.

fin – faim
pin – pain
sain – saint

À livre ouvert

Te voilà au terme de ce projet, avec des connaissances nouvelles en tête. Le moment est venu de les partager avec tous les élèves.

1. Discute avec tes camarades pour déterminer comment vous allez organiser votre grand livre de l'écriture.

- Quel titre donnerez-vous à votre livre ?
- Dans quel ordre placerez-vous les textes ?
- Ferez-vous une table des matières ?

2. En équipe, décidez comment vous allez présenter vos pages aux élèves de la classe.

3. Écoute les présentations de chaque équipe afin de retracer les grands moments de l'histoire de l'écriture.

4. Avec tes camarades, va présenter le grand livre que vous avez conçu à la personne responsable de la bibliothèque.

5. Discute de ton bilan avec tes camarades de classe.

- Relis les questions que tu avais notées dans ton journal de bord. Le projet t'a-t-il permis d'y répondre ?
- Quelles découvertes as-tu faites au cours de ce projet ?
- En quoi as-tu amélioré ta lecture ? ton écriture ?
- Quel défi te proposes-tu de relever dans un prochain projet ?
- As-tu plus de facilité à travailler en équipe maintenant ? Qu'est-ce que tu voudrais améliorer ?

6. Fais ton bilan personnel à l'aide de la fiche qu'on te remettra.

Projet 4

À chacun son toit

Pourrais-tu vivre dans un iglou ou dans une hutte tout en restant dans ta région ? Tu en doutes, n'est-ce pas ? Pourquoi les humains habitent-ils dans des maisons différentes selon l'endroit où ils vivent sur la Terre ? À la fin de ce projet, tu pourras répondre à cette question et à bien d'autres encore.

Le but du projet

Avec les élèves de ta classe, tu vas organiser une exposition sur les habitations. Tu vas faire la maquette d'une maison, puis tu vas rédiger un texte portant sur ce type de maison ou le peuple qui l'habite.

Les étapes à suivre

1. Tu vas explorer les maisons de ton milieu afin de comprendre pourquoi toutes les habitations ne sont pas identiques.

2. Tu vas lire un texte sur les premières maisons de la Nouvelle-France.

3. Avec un ou une camarade, tu vas étudier une maison bien différente de celle que tu habites.

4. Avec ton ou ta camarade, tu vas faire la maquette d'une maison qui t'intéresse.

5. Tu vas rédiger un texte pour présenter le type de maison choisi ou le peuple qui l'habite.

6. Tu vas monter l'exposition. Ensuite, tu feras le bilan de ton travail et du projet.

Tu vas apprendre à :

- utiliser un vocabulaire précis ;
- réfléchir à partir des informations d'un texte ;
- sélectionner des informations ;
- résoudre des problèmes ;
- utiliser les informations d'un texte ;
- utiliser tes connaissances en géométrie ;
- travailler en coopération ;
- comprendre la construction de la phrase déclarative ;
- vérifier la structure des phrases négatives et interrogatives ;
- reconnaître le temps des verbes ;
- reconnaître les noms, les déterminants, les adjectifs et les verbes ;
- expliquer les accords.

Qu'est-ce qui fait la différence ?

Tu vas :

Utiliser un vocabulaire précis

Qu'est-ce qui fait la différence entre ta maison et celle d'un ou d'une camarade ? entre ta maison et celle d'un enfant inuit ou japonais ? Les maisons, c'est comme les vêtements ou les habitudes de vie ; elles varient d'une famille à l'autre, mais aussi d'un peuple à l'autre. Sais-tu pourquoi ?

1. Discute des questions suivantes avec les élèves de ta classe. Au cours de la discussion, essaie de trouver les mots précis pour exprimer tes idées.

   • Dans quel type d'habitation vis-tu : une maison unifamiliale ? une maison jumelée ou en rangée ? un appartement dans un duplex ou dans un immeuble ?

   • Quelle est la forme de ta maison ? Avec quels matériaux est-elle construite ?

   • Quels types de maisons trouve-t-on autour de chez toi ?

   • Selon toi, est-ce que toutes les maisons dans le monde se ressemblent ? Explique ta réponse.

2. Tout comme les vêtements et la nourriture, les maisons répondent à des besoins bien précis.

- Complète la fiche *Ma maison*. Tu verras à quels besoins ta maison répond.
- Partage tes découvertes avec tes camarades.

3. Forme une équipe avec un ou une camarade.

- Ensemble, trouvez des réponses aux questions suivantes. Efforcez-vous d'employer les termes justes pour exprimer vos idées.
- Partagez ensuite vos réflexions avec les autres élèves de la classe.

A Pourquoi ne trouve-t-on pas d'iglous près de chez toi?

B Les colons de la Nouvelle-France auraient-ils pu habiter sur des bateaux?

C Les Inuits pourraient-ils loger dans une maison sur pilotis?

D Pourquoi ne voit-on pas de tours d'habitation sur une ferme?

E Une famille pourrait-elle demeurer dans une hutte en plein centre-ville?

F De nos jours, peut-on vivre dans une maison sans électricité?

Ce projet soulève une foule de questions sur les maisons, mais aussi sur les habitudes des autres peuples dans le monde. Peut-être aimerais-tu savoir comment sont construits les gratte-ciel, par exemple? Entreprends vite une démarche pour trouver des réponses à tes questions.

Veux-tu en savoir davantage sur les maisons? Tu trouveras des suggestions de lectures à la page 261 de ton manuel.

Les premières maisons de la Nouvelle-France

Tu vas :

Réfléchir à partir des informations d'un texte

As-tu déjà observé comment sont construites nos maisons ? Les constructeurs se servent de matériaux modernes et de techniques très efficaces. Lorsque les Français sont arrivés en Nouvelle-France, il y a environ 400 ans, ils ont utilisé, eux aussi, les meilleurs matériaux à leur disposition et les techniques de l'époque.

1. Comment les Français ont-ils construit leurs maisons ? Quels matériaux ont-ils utilisés ? Avaient-ils les mêmes techniques et les mêmes outils que ceux qu'on emploie aujourd'hui ? Formule tes hypothèses et discutes-en avec tes camarades.

2. Lis le texte *La maison au 17e siècle*. Tu verras si tes hypothèses sont justes et tu feras sûrement des découvertes.

La maison au 17e siècle

Cette maison, qui a été rénovée, possède toutefois certaines caractéristiques des premières habitations de pierre : toit aigu, absence de fondations, peu de fenêtres.

Au 17e siècle, les colons se sont inspirés des maisons qu'ils connaissaient, celles de la campagne française, pour construire leurs habitations en Nouvelle-France. Puis, au fil des ans, ils les ont transformées pour les adapter aux rigueurs du climat.

L'habitation du colon

À son arrivée, le colon commençait par bâtir un abri rudimentaire. Cet abri le protégeait des intempéries pendant qu'il construisait sa maison. Une fois la demeure terminée, il convertissait son abri en étable.

Les maisons françaises étaient le plus souvent en pierre. Les colons ont donc commencé par utiliser ce matériau, mais ils l'ont vite remplacé par le bois. On en trouvait en abondance en Nouvelle-France. De plus, les colons devaient déboiser pour cultiver. Le bois convenait bien aux hivers rigoureux: il isolait mieux du froid que la pierre.

Une construction très simple

La maison était de forme rectangulaire et comptait un seul étage. Le toit, en pente, était fait de bardeaux de bois ou de planches. La technique de construction la plus courante était le « pièce sur pièce ». La charpente était faite d'arbres grossièrement équarris, empilés les uns sur les autres. Pour boucher les espaces entre les pièces de bois, on utilisait divers matériaux: de la glaise, des pierres ou du plâtre. Le tout était recouvert de planches de bois. Les murs avaient près d'un mètre d'épaisseur. Les fondations étaient habituellement en pierre des champs.

Adaptée au climat

La maison du colon était plutôt sombre. Elle ne comptait que quelques fenêtres pour éviter les pertes de chaleur. Il s'agissait de fenêtres à carreaux à deux battants. Comme la vitre était rare et chère, il arrivait que l'on utilise plutôt du papier. À l'intérieur et à l'extérieur, des volets faits de planches protégeaient du froid. On évitait également de placer la porte principale du côté nord à cause des vents froids venant de cette direction.

Voici à quoi pouvait ressembler une maison construite en « pièce sur pièce ».

La maison du colon comportait peu de pièces. Il y avait d'abord une salle de séjour où avaient lieu la majorité des activités. Le mobilier y était restreint: une table, des bancs, quelques bahuts et armoires. L'autre pièce était la chambre où les parents et les jeunes enfants dormaient. Cette pièce était située à proximité du foyer, pour que chacun puisse profiter de la chaleur.

Des améliorations

Au fil des ans, les colons français ont modifié l'architecture de leurs maisons et leurs techniques de construction. Ainsi, graduellement, la pente du toit a été adoucie. Puis, on a progressivement fait dépasser le toit du carré de maison. On voulait ainsi empêcher que l'eau de pluie ou de fonte abîme le mortier placé entre les pièces de bois. C'est ce qui a donné les longs perrons-galeries que l'on connaît.

Il ne reste presque plus de ces maisons construites au début de la colonie. Plusieurs ont été détruites par le feu. D'autres ont été modifiées, et agrandies surtout, par les colons qui ont su s'adapter à leur nouveau pays et à son climat.

Avec le temps, on a adouci la pente du toit et on a ajouté un perron-galerie semblable à celui-ci.

3. Qu'est-ce que tu retiens de cette lecture ?
- Partage tes découvertes avec tes camarades.
- Tes hypothèses étaient-elles justes ?

4. Forme une équipe avec deux camarades.
- Déterminez les rôles. Nommez :
  - un animateur ou une animatrice ;
  - un ou une secrétaire qui prendra des notes ;
  - un ou une porte-parole.

- Choisissez une question parmi les trois suivantes.

  A Pourquoi la majorité des maisons de la Nouvelle-France étaient-elles en bois?

  B La technique de construction la plus utilisée à l'époque était le «pièce sur pièce». Pourquoi l'appelle-t-on ainsi?

  C Comment les colons de la Nouvelle-France construisaient-ils leurs maisons pour mieux se protéger du froid?

- Relisez le texte *La maison au 17e siècle*. Sélectionnez les informations qui vous permettront de répondre à votre question. Prenez-les en note.

- Formulez une réponse claire.

5. Écoute les réponses des autres équipes. Si tu es porte-parole, présente le travail de ton équipe.

- Les réponses des équipes sont-elles complètes? sont-elles claires?

- Comment ton équipe a-t-elle procédé pour formuler sa réponse?

6. Pour bien comprendre un texte, tu dois réfléchir. Tu dois faire des liens dans ta tête entre les différentes informations contenues dans le texte.

Pour réfléchir à partir des informations d'un texte

Lecture

1° Je lis la question en me demandant quels sont les mots importants.

2° Je cherche dans ma tête des mots clés que je pourrais trouver dans le texte pour répondre à la question.

3° Je sélectionne des phrases ou des parties de phrases qui contiennent ces mots clés ou qui semblent répondre à la question.

4° Je réfléchis et je fais des liens:
- entre les différentes informations trouvées dans le texte;
- entre ces informations et ce que je sais sur le sujet.

5° Je formule une ou quelques phrases pour répondre à la question.

---

7. Retrouve les membres de ton équipe. Ensemble, répondez aux questions suivantes. Servez-vous de la stratégie que vous venez d'apprendre.

A Est-ce que ta maison ressemble à celles des colons français?

B Est-ce que les meubles de cette époque ressemblent à ceux qu'on trouve chez toi?

8. Aimerais-tu en savoir davantage sur les maisons en Nouvelle-France? Où pourrais-tu trouver des informations?

3   Lecture

Un tour rapide du monde

Tu vas:

Réfléchir à partir des informations d'un texte

Sélectionner des informations

Tous les peuples construisent leurs maisons avec les matériaux qui sont à leur portée. Ils tiennent aussi compte du climat de leur pays et de leurs besoins. C'est ce que tu pourras constater en faisant le tour des maisons du monde.

1. Feuillette les textes du recueil aux pages 185 à 198. Trouve le type d'habitation qui t'intéresse.

2. Lis le titre, regarde les illustrations et survole le texte que tu as choisi. À ton avis,

- où trouve-t-on ce type d'habitation?
- comment cette habitation est-elle construite?

3. Lis le texte choisi pour vérifier tes hypothèses et découvrir ce type de maison.

4. Forme une équipe avec un ou une camarade qui s'intéresse au même type d'habitation que toi. Partagez vos découvertes sur le texte que vous venez de lire.

- Où trouve-t-on ce type d'habitation ?
- Comment cette habitation est-elle construite ?
- Y a-t-il des mots que vous ne connaissiez pas ? Lesquels ?
- Comment avez-vous fait pour les comprendre ?

5. Vous aurez bientôt à faire une maquette de la maison. Pour vous préparer, répondez aux questions de la partie A de la fiche qu'on vous remettra.

6. Vous aurez aussi à écrire un texte qui portera sur la maison ou le peuple qui y vit. Pour vous aider, répondez aux questions de la partie B de la fiche qu'on vous remettra. Attention ! Pour répondre à ces questions, vous devez bien réfléchir. Servez-vous de la stratégie que vous venez d'apprendre.

Une maison en chantier

Pour parler d'une habitation, quoi de mieux qu'une maquette ? C'est une maison en miniature qui ressemble à une vraie. Prépare tes outils et tes matériaux. Te voilà constructeur ou constructrice !

Tu vas :

Résoudre
des problèmes

Utiliser
les informations
d'un texte

Utiliser
tes connaissances
en géométrie

Travailler
en coopération

1. Reviens en équipe. Ensemble, réfléchissez à votre maquette. Retournez à la partie A de votre fiche de lecture.

- Quelles sont les caractéristiques de votre maison : sa forme ? ses dimensions ? les matériaux utilisés ?
- De quels matériaux aurez-vous besoin ? Comment ferez-vous pour imiter les matériaux réels ?
- De quels outils vous servirez-vous ?
- Comment ferez-vous pour que la maquette respecte les proportions de la maison ?

2. Quelles habiletés vous faudra-t-il mettre en pratique pour réaliser ce travail en coopération ?

3. Faites un croquis de votre maison en respectant sa forme, ses divisions et ses dimensions. Au besoin, inspirez-vous des illustrations accompagnant le texte.

4. Commencez votre maquette.

- Préparez les matériaux et les outils dont vous avez besoin.
- Assemblez la maison.

5. En cours de route, évaluez votre travail.

- Votre maquette commence à prendre forme. Est-elle conforme à ce que vous avez lu ?
- Est-ce que vous travaillez bien en équipe ? Sinon, que pourriez-vous faire pour améliorer votre collaboration ?
- Que vous reste-t-il à faire pour terminer votre maquette ?

6. Votre maquette est terminée. Rangez-la en lieu sûr jusqu'au jour de l'exposition.

Une maquette et plus encore

Tu vas :

Utiliser
les informations
d'un texte

Travailler
en coopération

Comme tu le sais maintenant, les habitations sont le reflet des peuples qui les construisent. En voyant votre maquette, les visiteurs de l'exposition découvriront un peuple qu'ils ne connaissaient pas. Peut-être auront-ils le goût d'en savoir davantage. Rédige un texte qui accompagnera votre maquette.

Planification

1. Retrouve ton ou ta camarade de travail. Planifiez ensemble les deux textes à écrire.

- Consultez vos fiches de lecture pour trouver les informations pertinentes. Au besoin, relisez le texte du recueil qui traite de la maison qui vous intéresse.

- Déterminez le sujet de vos textes.

2. Fais le plan de ton texte.

- Choisis les informations dont tu veux parler.
- Note les idées importantes de ton texte. Pense aux explications que tu devras ajouter pour qu'on comprenne bien ton sujet.
- Décide de l'ordre dans lequel tu vas présenter les informations.

3. Reviens en équipe. Examinez ensemble vos deux plans.

- Avez-vous inclus les informations importantes ?
- Avez-vous placé les idées dans le bon ordre ?

Rédaction et révision

1. Rédige ton texte au brouillon.

- Laisse assez d'espace pour le retravailler par la suite.
- Quand tu doutes de l'orthographe d'un mot, indique-le à mesure que tu écris.

2. Relis ton texte pour t'assurer qu'il contient toutes les informations importantes.

3. En équipe, lisez vos textes en vous posant les questions suivantes.

- Vos textes ajoutent-ils des informations à votre maquette ?
- Sont-ils clairs même pour quelqu'un qui ne connaît pas le sujet ?
- Y a-t-il des informations à ajouter ou à modifier ?

Vocabulaire

Utilise
ton cahier
au besoin.

Tu vas :

Utiliser
un vocabulaire
précis

1. Dans nos villes et nos banlieues, on voit toutes sortes d'habitations. Associe les noms qui suivent à l'illustration qui les représente. Ajoute une courte description qui distingue chaque maison des autres.

maison unifamiliale, maison en rangée, maison jumelée, duplex, triplex, tour d'habitation

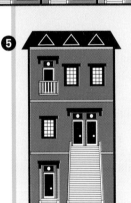

2. Utilise un dictionnaire pour répondre aux questions suivantes.

A Est-ce qu'un appartement est une pièce d'une maison ou un logement comprenant plusieurs pièces ?

B Une maisonnette est-elle une petite maison ou une maison très propre ?

C Quand on parle d'une maison spacieuse, est-ce qu'on veut dire qu'elle est petite ou grande ?

D Que signifie l'expression « vivre à l'étroit » ? Est-ce vivre dans un petit espace ou vivre dans une maison étroite ?

E Pour se rendre à l'étage d'une maison, est-ce qu'on monte des escaliers ou un escalier ?

Correction

LES MOTS ET LES PHRASES

Syntaxe

Utilise ton cahier au besoin.

Tu vas :

Comprendre la construction de la phrase déclarative

1. Tu as déjà appris qu'une phrase déclarative contient deux groupes obligatoires : un groupe sujet et un groupe du verbe.

- Le groupe sujet peut être plus ou moins long. Observe les exemples suivants.

  A ⬚La maison⬚ était de forme rectangulaire.

  B ⬚La maison française⬚ était de forme rectangulaire.

  C ⬚La maison des colons français⬚ était de forme rectangulaire.

- Le groupe du verbe aussi peut être plus ou moins long. Voici quelques exemples.

  D La maison ⬚comptait quelques fenêtres.⬚

  E La maison ⬚comptait quelques fenêtres à carreaux.⬚

  F La maison ⬚comptait seulement quelques fenêtres à carreaux.⬚

2. Transcris les phrases suivantes. Encadre le groupe sujet en rouge et le groupe du verbe en vert.

A La vie des Massaïs tourne autour de leurs troupeaux.

B Les Mongols fêtent toujours la construction d'une yourte.

C La charpente de la maison longue était en bois.

D L'homme préhistorique vivait dans des cavernes naturelles.

Tu vas:

Vérifier
la structure
des phrases
négatives et
interrogatives

3. Les phrases suivantes sont-elles bien structurées ?
Corrige celles qui sont incorrectes.

A Nadine n'a pas vu personne dans la maison.

B Il y a pas beaucoup de meubles dans une maison troglodyte.

C Les Mongols ne vivent jamais longtemps au même endroit.

D Tu habites-tu une grande maison ?

E La maison flottante est-elle confortable ?

4. Explique tes corrections à ton ou à ta camarade.

5. Trouve les verbes dans les phrases suivantes. À quel temps
sont-ils conjugués ?

A Autrefois, les Iroquoiens construisaient des maisons longues.

B Les colons français ont bâti leurs maisons en pierre et en bois.

C Les pêcheurs vietnamiens vivront-ils toujours dans des
maisons flottantes ?

D Si nos hivers étaient plus doux, nous pourrions habiter des
maisons sur pilotis.

1. Retrouve ton ou ta camarade. Ensemble, relisez chaque phrase
de votre texte en vous posant les questions suivantes.

- Est-ce que la phrase commence par une majuscule
et se termine par un point ?

- Est-ce qu'elle est bien structurée ?

- Est-ce que les mots sont exacts et précis ?

Orthographe grammaticale

Tu vas :

Reconnaître les noms, les déterminants, les adjectifs et les verbes

Utilise ton cahier au besoin.

1. Sauras-tu reconnaître les noms, les déterminants, les adjectifs et les verbes dans le texte qui suit ? Classe-les dans un tableau comme le suivant. Si tu as des doutes, consulte les moyens qui te sont donnés dans *Mes outils pour écrire*.

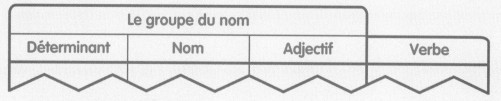

Le groupe du nom			
Déterminant	**Nom**	**Adjectif**	**Verbe**

Une maison délicieuse

M. Hubert est un chocolatier adorable. Chaque printemps, il présente ses trouvailles dans la vitrine de sa boutique. Cette année, il a créé une maison délicieuse. Les murs et le toit sont faits de chocolat. Pour fabriquer la grande porte rouge et les fenêtres, il a pris des bonbons à la cannelle. On voit même une clé en chocolat dans la serrure de la porte !

2. Avec ton ou ta camarade, corrige le tableau que tu viens de remplir. Explique-lui comment tu as fait pour reconnaître les noms, les adjectifs et les verbes.

Tu vas:

Expliquer les accords

3. Expliquez à tour de rôle l'orthographe des mots soulignés dans le texte qui suit. Si vous n'êtes pas d'accord sur une explication, consultez d'abord *Mes outils pour écrire*, puis votre enseignante ou votre enseignant.

Une maison délicieuse *(suite)*

Philippe <u>passait</u> devant la boutique <u>enchantée</u> du chocolatier, M. Hubert. En apercevant la <u>jolie</u> maison en chocolat, ses yeux <u>sont</u> devenus tout ronds. Jamais il n'<u>avait</u> vu <u>une</u> si <u>belle</u> maison. Alors que Philippe <u>restait</u> muet devant <u>cette</u> merveille, Alice <u>est</u> arrivée en courant. Elle n'en <u>croyait</u> pas <u>ses</u> yeux. Comment M. Hubert <u>avait</u>-il fait une clé aussi <u>petite</u>?

2. Poursuivez ensemble la correction de vos textes. Lisez chaque phrase en suivant ces indications.

- Repérez les groupes du nom. Vérifiez si les accords sont bien faits dans chaque groupe du nom.
- Repérez le ou les verbes. Vérifiez s'ils sont bien accordés.
- Vérifiez l'orthographe d'usage de tous les mots de la phrase.

3. Dans vos deux textes, trouvez cinq mots que vous avez eu de la difficulté à orthographier.

- Vérifiez leur orthographe en consultant votre liste de mots ou un dictionnaire.
- Cherchez ensemble comment retenir l'orthographe de chacun de ces mots.
- Transcrivez-les dans votre carnet d'orthographe ou dans votre cahier.

4. Transcris ton texte sur un carton que tu afficheras près de la maquette quand viendra le temps de monter l'exposition.

- Sers-toi d'un logiciel de traitement de texte ou transcris ton texte à la main en soignant ton écriture.

- N'oublie pas de le signer.

- Relis ton texte afin de t'assurer qu'il ne reste pas d'erreurs.

- Fais-le relire par ton ou ta camarade.

Orthographe d'usage

4. Tu sais déjà que la lettre « c » peut se prononcer [k] ou [s] selon la lettre qui suit. Le « g » peut aussi se prononcer de deux façons.

- Le « g » se prononce [j] comme dans « congé »; on dit alors que le « g » est doux.

- Le « g » se prononce [g] comme dans « magasin »; on dit alors que le « g » est dur.

Prononce les mots ci-dessous à voix haute et classe-les dans un tableau comme le suivant.

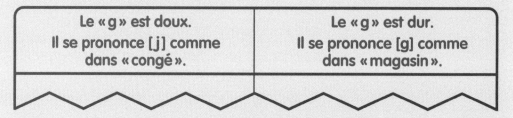

Le « g » est doux. Il se prononce [j] comme dans « congé ».	Le « g » est dur. Il se prononce [g] comme dans « magasin ».

âge, agir, argent, bagage, bougie, danger, dragon, égal, fromage, galerie, gant, garage, garderie, gâteau, géant, genou, gentil, girafe, gomme, gorge, goutte, gymnase, horloge, kangourou, légume, logement, magasin, magazine, magique, nuage, orange, rouge

5. Retrouve ton ou ta camarade. Expliquez ensemble quand la lettre « g » se prononce [j] et quand elle se prononce [g].

6. Comment se prononce le « g » dans les mots suivants? Pourquoi se prononce-t-il ainsi?

bourgeon, gageure, mangeoire, nageoire, orangeade, pigeon, plongeon

7. Est-ce que le « g » se prononce [j] ou [g] dans les mots suivants ? Comment peux-tu l'expliquer ?

bague, baguette, blague, déguisement, fatigue, guérir, guerre, gueule, guide, guimauve, guirlande, guitare, intrigue, langue, longue, longueur

8. Quelques verbes se terminent par « ger » à l'infinitif. Observe comment se conjugue le verbe « bouger » au présent et à l'imparfait. Que remarques-tu ?

Présent	**Imparfait**
je bouge	je bou**ge**ais
tu bouges	tu bou**ge**ais
il bouge	elle bou**ge**ait
nous bou**ge**ons	nous bougions
vous bougez	vous bougiez
elles bougent	ils bou**ge**aient

9. Conjugue trois des verbes suivants au présent et à l'imparfait.

changer, corriger, déménager, déranger, manger, nager, plonger

10. La lettre « g » est parfois coquine ! Elle ne se prononce pas dans les mots suivants. Observe ces mots.

long, rang, sang, vingt

Des peuples et des maisons

Le chantier est maintenant fermé ! Ta maquette et ton texte sont prêts. Ton travail mérite d'être vu et applaudi par tous les élèves de l'école ! Que l'exposition ouvre ses portes !

1. Reviens en équipe. Ensemble, assurez-vous que tout est prêt pour l'exposition.

2. Discute avec tes camarades à l'aide des questions suivantes.
   - Comment allez-vous faire connaître votre exposition aux autres classes ?
   - Qu'est-ce que vous pourriez dire pour attirer les élèves, les enseignantes et les enseignants à votre exposition ?
   - Quelles sont les tâches qu'il reste à faire ? Qui s'en chargera ?

3. L'exposition est ouverte ! Bonne visite !

4. Fais le bilan du projet avec tes camarades.
   - Rappelle-toi les étapes de ce projet. Quelle étape as-tu préférée ? Pourquoi ?
   - Qu'est-ce que tu as appris au cours de ce projet ?

5. Fais ton bilan à l'aide de la fiche qu'on te remettra. Place ensuite ton bilan dans ton portfolio avec le texte que tu as écrit. Pourquoi ne pas prendre une photo de ta maquette et la ranger, elle aussi, dans ton portfolio ?

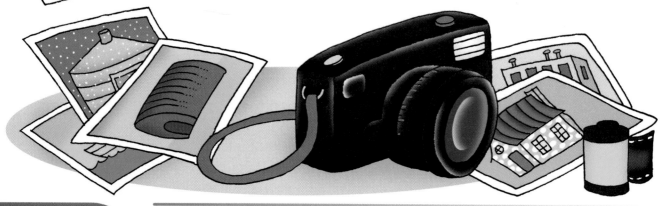

Paroles d'animaux

Les scientifiques qui étudient les animaux nous apprennent une foule de choses. Les poètes, quant à eux, posent un regard différent sur les bêtes : ils imaginent ce qu'elles voient, ce qu'elles pensent et ce qu'elles pourraient bien vouloir nous dire. Comme les poètes, c'est avec ton imagination que tu vas aborder le monde animal.

Le but du projet

Avec les élèves de ta classe, tu vas constituer un bestiaire : un recueil de poèmes sur les animaux.

Les étapes à suivre

1. Tu vas regarder ton entourage et le monde animal en faisant preuve d'imagination.

2. Tu vas lire et écouter trois poèmes qui parlent d'animaux.

3. Avec tes camarades, tu vas discuter de différents poèmes et choisir ceux que tu trouves les plus intéressants.

4. Tu vas composer un poème sur un animal qui compte beaucoup pour toi.

5. Avec tes camarades, tu vas constituer un recueil de poèmes. Enfin, tu vas faire le bilan du projet.

Tu vas apprendre à :

- exprimer tes idées avec précision ;
- aider tes camarades à préciser leurs idées ;
- lire des poèmes ;
- faire preuve de jugement critique ;
- écrire un poème ;
- faire preuve de créativité ;
- améliorer un texte ;
- utiliser la phrase exclamative ;
- éliminer les répétitions ;
- orthographier les pronoms ;
- consulter un tableau de conjugaison ;
- utiliser un code de correction.

Sortir des sentiers battus

Tu vas :

Exprimer tes idées avec précision

Aider tes camarades à préciser leurs idées

Sortir des sentiers battus, c'est avoir une attitude originale, différente. C'est ce que tu vas faire ici. Tu vas regarder, écouter et penser autrement, en faisant appel à ton imagination, comme le font les poètes.

1. Observe les photos ci-dessous. Laquelle t'inspire le plus ? Qu'est-ce qui te vient à l'esprit quand tu la regardes ? Partage tes idées avec tes camarades.

2. Tu as peut-être parfois de la difficulté à trouver les mots qu'il faut pour exprimer tes idées. Voici un défi à relever au cours de ce projet :

- tu vas prendre le temps de trouver les mots qui expriment le mieux tes idées ;
- tu vas aider tes camarades à exprimer leurs idées avec précision en leur posant des questions et en leur suggérant des mots ;
- tu vas accepter que tes camarades t'aident à préciser tes idées.

3. Forme une équipe avec trois camarades. Ensemble, imaginez les situations suivantes et discutez-en.

- Si vous aviez la tête en bas, comme les chauves-souris, comment verriez-vous le monde autour de vous ?
- Racontez ce que vous pourriez voir et entendre si vous étiez... une table de cuisine.

4. Pense maintenant à des animaux. Partage tes idées avec les membres de ton équipe en répondant aux questions suivantes.

- Quel animal te ressemble le plus ?
- Quel animal détesterais-tu rencontrer ?
- Avec quel animal aimerais-tu partir à l'aventure pendant plusieurs jours ?

5. Voici un jeu à faire avec tous les élèves de la classe.

- Si tu étais un animal, voudrais-tu être un éléphant ? une souris ? un papillon ? un aigle ? un singe ?
- Forme une équipe avec les élèves qui ont fait le même choix que toi.
- Explique aux camarades de ton équipe pourquoi tu aimerais être cet animal.

6. Au cours des activités précédentes, tu as essayé de voir et de penser autrement. Qu'est-ce que tu retiens de ces activités ? Prends des notes dans ton journal de bord.

Les idées et les questions foisonnent dans ta tête ? Écris une de tes questions et dépose-la dans la boîte aux questions. Tu préfères te mettre à la recherche de réponses ? Choisis une question qui pique ta curiosité. Tu communiqueras tes découvertes à tes camarades.

Tu cherches des poèmes originaux ? des poèmes qui te permettent de voir le monde autrement ? Consulte les suggestions de lectures à la page 261 de ton manuel.

Sur le sentier des poètes

Tu vas :

Lire des poèmes
Faire preuve de
jugement critique

Les poètes ont parfois de drôles d'idées ! Ils écoutent leur cœur et laissent aller leur imagination. Pour bien les comprendre, il faut les lire avec un autre regard. Voici trois poèmes qui te surprendront sûrement.

1. Quel titre donnerais-tu au poème ci-dessous ?

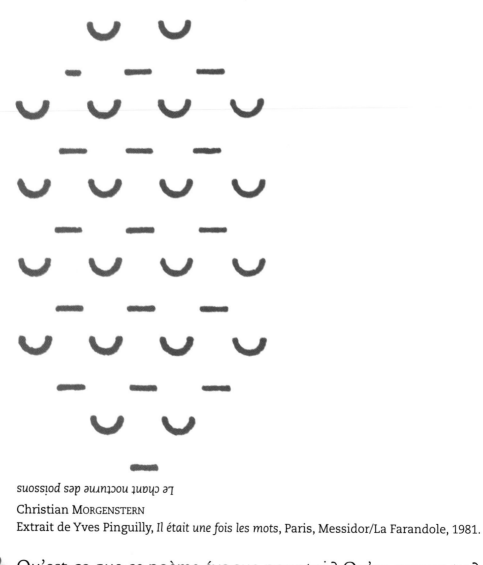

Le chant nocturne des poissons

Christian MORGENSTERN
Extrait de Yves Pinguilly, *Il était une fois les mots*, Paris, Messidor/La Farandole, 1981.

2. Qu'est-ce que ce poème évoque pour toi ? Qu'en penses-tu ? Partage tes impressions avec les élèves de ta classe.

3. Aimes-tu les loups ? Qu'est-ce que tu penses de cet animal ?
Discute de tes perceptions avec tes camarades.

4. Écoute et lis le poème *Le loup* de Jean-Pierre Lefebvre.
Tu découvriras comment l'auteur perçoit cet animal.

Le loup

On voit des loups partout
Dans les contes d'enfants
Loups pas gentils du tout
Avec de grandes dents.
Pourtant les loups sont doux
Pourtant les loups sont bons
Comme les caribous
Qu'ils suivent à l'unisson.

On voit des loups partout
Dans des cages d'acier
Des loups bien marabouts
Privés de liberté.
Pourtant les loups sont doux
Pourtant les loups sont beaux
Toutefois comme nous
N'aiment pas les barreaux.

Jean-Pierre LEFEBVRE
Extrait de *Crapauds et
autres animaux*, Montréal,
les Éditions la courte
échelle, 1981.

5. L'auteur se fait-il la même idée que toi du loup ?
- Comment décrit-il le loup dans son poème ?
- Sa perception de l'animal ressemble-t-elle à la tienne ?
- Aimes-tu comment ce poème est écrit ?

6. Qu'est-ce qu'une corneille peut bien faire sur un poteau ? Partage tes idées avec tes camarades.

7. Écoute le poème suivant, puis lis-le attentivement. Tu verras ce qu'on peut dire en quelques mots.

fermeture des magasins
sur un poteau une corneille
regarde des humains s'énerver

Carol LEBEL
Petites éternités que nous passons,
Québec, Le Loup de Gouttière, 1997.

8. Est-ce que ce poème ressemble à ce que tu avais imaginé ? Le trouves-tu intéressant ? Explique ton point de vue.

9. Dans les poèmes que tu viens de lire ou de regarder, les animaux sont présentés sous un jour inhabituel. Quelles images retiens-tu de tes lectures ? Y a-t-il des idées dont tu voudrais t'inspirer pour écrire ton propre poème ? Si oui, note-les dans ton journal de bord.

Dans toutes les directions

Tu vas :

Lire des poèmes
Faire preuve de jugement critique

La pensée des poètes va dans toutes les directions : du sérieux à la fantaisie... de la tristesse à la joie. En feuilletant le recueil, tu trouveras toutes sortes de poèmes sur les animaux. Quels seront tes préférés ?

1. Forme une équipe avec un ou une camarade.

- Écoutez les poèmes enregistrés sur disque ou sur cassette.
- Survolez les poèmes du recueil (p. 199).
- Chaque fois qu'un poème vous attire, notez le titre et la page du recueil dans votre journal de bord.

2. Lisez et réécoutez les poèmes que vous avez sélectionnés.

- Écrivez les titres des poèmes que vous avez sélectionnés en les classant par ordre de préférence :
  1 les poèmes que vous préférez ;
  2 ceux que vous aimez bien ;
  3 ceux que vous aimez aussi, mais moins que les autres.
- Relisez ceux que vous avez classés dans la catégorie 1.
- Expliquez ce que vous aimez dans ces poèmes. Prenez des notes dans votre journal de bord.

3. Jumelez-vous à une autre équipe. Organisez votre travail.

- Lisez la tâche à faire. Vous devez :
  - présenter les poèmes sélectionnés par chaque équipe ;
  - choisir trois poèmes ;
  - expliquer votre choix ;
  - aider le ou la porte-parole à prendre des notes et à expliquer votre choix.
- Choisissez un animateur ou une animatrice qui dirigera votre discussion.
- Nommez un ou une porte-parole qui présentera le résultat de votre travail à la classe.

4. Écoute la présentation de chaque équipe. Si tu es porte-parole, présente fidèlement le choix et les explications de ton équipe.

5. Discute avec tes camarades.

- Y a-t-il des poèmes qui ont été choisis par plus d'une équipe ?
- Quelles raisons les équipes ont-elles données pour expliquer leur choix ?
- Y a-t-il des poèmes que tu aimerais lire ou relire ? Si oui, lesquels ? Pourquoi ?

6. Au cours de vos discussions, vous avez trouvé, tes camarades et toi, des raisons pour expliquer pourquoi certains poèmes vous plaisent beaucoup et d'autres moins. Ces raisons, ce sont vos critères d'appréciation des poèmes. Ça peut être l'originalité des idées, les belles sonorités, etc. Quels critères avez-vous trouvés ?

7. Dans ton journal de bord, écris le titre de ton poème préféré et explique pourquoi tu l'as choisi.

L'imagination à l'œuvre

Grâce à ton imagination, tu vas explorer des nouvelles facettes d'un animal. Tu vas composer un poème sur un animal qui te fascine en laissant aller ton imagination.

Planification

1. Trouve le sujet de ton poème. Voici quelques pistes que tu peux explorer.

- Quel animal frappe le plus ton imagination ? Quelles images te viennent en tête quand tu penses à cet animal ?
- Quel animal as-tu redécouvert en lisant des poèmes ?
- Si tu étais un animal, tu serais…
- Si les animaux pouvaient parler, qu'est-ce qu'ils diraient ?
- Quel animal pourrais-tu inventer ou transformer ?

2. Relis les notes que tu as prises dans ton journal de bord depuis le début du projet. Quelles idées aimerais-tu conserver ou transformer pour ton poème ?

3. Trace un grand cercle au milieu d'une feuille blanche.

- Écris le nom de l'animal que tu as choisi au centre du cercle.
- Ajoute les mots et les idées qui te viennent en tête quand tu penses à cet animal.

4. Montre ta feuille aux membres de ton équipe. Ensemble, trouvez d'autres mots et idées que vous associez aux mots de chacun.

5. Trouve le fil conducteur de ton poème.

- Relis les idées et les mots que tu as pris en note.
- Choisis les idées et les mots que tu veux conserver pour ton poème.
- Dans ta tête, imagine ton poème.

Rédaction et révision

1. Fais un premier jet de ton poème.

- Laisse assez d'espace pour pouvoir ajouter ou modifier des idées et des mots.
- Ajoute au fur et à mesure les idées qui te viennent à l'esprit.
- Si tu doutes de l'orthographe d'un mot, note-le à mesure que tu écris.

2. Lis ton poème pour t'assurer que tu as écrit tout ce que tu voulais.

LES MOTS ET LES PHRASES

Syntaxe et vocabulaire

Utilise ton cahier au besoin.

Tu vas :
Améliorer un texte

1. Il existe plusieurs façons d'améliorer un texte. C'est ce que tu vas découvrir ici. Ainsi, tu peux :

- utiliser une phrase exclamative ;
- mettre un point d'exclamation après une phrase déclarative ou un groupe du nom ;
- éliminer les répétitions en remplaçant un groupe du nom par un pronom ou un autre groupe du nom.

Tu vas :
Utiliser la phrase exclamative

2. Compare les phrases A et B, puis les phrases C et D.

- Les deux phrases ont-elles le même sens ?
- Sont-elles construites de la même façon ?

A Ma tourterelle chante bien.

B Que ma tourterelle chante bien !

C Le chameau a le regard hautain.

D Comme le chameau a le regard hautain !

3. Les phrases A et C sont des phrases déclaratives alors que les phrases B et D sont des phrases exclamatives.

- La phrase exclamative sert à exprimer un sentiment, une émotion ou un jugement.

- Elle commence par un mot exclamatif et se termine par un point d'exclamation.

- Voici quelques mots exclamatifs :
  - Comme   **Ex. :** Comme ce lion semble calme !
  - Que / Qu'   **Ex. :** Que ce singe est drôle ! Qu'il est gourmand !
  - Quel   **Ex. :** Quel beau livre d'animaux vous avez !

4. Forme une équipe avec un ou une camarade. Ensemble, transformez les phrases déclaratives suivantes en phrases exclamatives.

A La gazelle est un animal élégant.

B Le singe fait des grimaces amusantes.

C Le bernard-l'ermite change souvent de maison.

D Vous écrivez de beaux poèmes.

5. Pour exprimer un sentiment, tu peux aussi utiliser un point d'exclamation après une phrase déclarative ou après un groupe du nom.

Ex. : Personne ne veut se retrouver dans le ventre du loup !
Toute une surprise !

6. Pour améliorer un texte, tu peux éliminer les répétitions inutiles. Forme une équipe avec un ou une camarade. Ensemble,

- éliminez les répétitions dans le texte suivant. Assurez-vous cependant qu'il reste intéressant à lire ;
- expliquez ce que vous avez fait pour éliminer les répétitions.

Le petit curieux

Mon poisson rouge passe des heures à la fenêtre de son royaume.

Mon poisson rouge nous regarde rigoler et nous chamailler.

Mon poisson rouge quitte parfois son poste d'observation pour faire une promenade dans son jardin.

Le soir venu, je regarde mon poisson rouge s'endormir les yeux grands ouverts.

Je raconte à mon poisson rouge mes peines de la journée.

7. Joignez-vous à une autre équipe.

- Discutez des modifications apportées au texte par chaque équipe.
- Réécrivez le texte en choisissant les modifications les plus intéressantes.
- Expliquez les modifications apportées.

8. Présentez votre nouveau texte aux élèves de la classe et expliquez les modifications que vous avez apportées.

3. Relis ton poème et souligne les passages que tu aimerais améliorer.

4. Soumets aux membres de ton équipe un passage que tu trouves difficile à transformer.

- Écoute et note les suggestions de tes camarades.
- Aide tes camarades à trouver des idées pour améliorer un passage de leur poème.

5. Décide comment tu vas modifier le passage que tu as soumis à tes camarades. Apporte d'autres modifications à ton poème si tu le désires. Relis-le pour t'assurer qu'il est agréable à lire.

Correction

L'ORTHOGRAPHE

Orthographe grammaticale

Utilise ton cahier au besoin.

Tu vas:

Orthographier les pronoms

1. Tu sais qu'on peut remplacer un groupe de mots par un pronom.

Ex.: **Mon poisson rouge** examine les gens de la maison.

Il examine les gens de la maison.

Je parle souvent **à mon poisson rouge**.

Je **lui** parle souvent.

2. Tu connais déjà les pronoms personnels « **je** », « **tu** », « **il** », « **elle** », « **nous** », « **vous** », « **ils** » et « **elles** ». Ces pronoms servent à conjuguer les verbes.

3. Voici d'autres pronoms personnels que tu emploies souvent : « **le** », « **la** », « **l'** », « **les** », « **lui** » et « **leur** ».

Attention : « **le** », « **la** », « **l'** », « **les** » et « **leur** » peuvent aussi être des déterminants. Observe les exemples suivants :

A **Les** fourmis sont des animaux fascinants.

B Je peux passer des heures à **les** observer.

- Dans la phrase A, « les » est un déterminant : il fait partie du groupe du nom « Les fourmis ».

- Dans la phrase B, « les » n'est pas suivi d'un nom ; il remplace le groupe du nom « les fourmis » : Je peux passer des heures à observer **les fourmis**. « Les » est un pronom.

- Le pronom personnel est masculin ou féminin, singulier ou pluriel, selon ce qu'il désigne. Dans la phrase B, le pronom « les » est féminin pluriel : il remplace le groupe du nom « les fourmis », qui est féminin pluriel.

4. Place-toi en équipe. Ensemble, trouvez les pronoms dans les phrases suivantes et dites quel est leur genre et leur nombre.

A Très tôt le matin, Clémence entend le cardinal chanter. Elle l'écoute attentivement et essaie de le voir dans les arbres.

B Des renardeaux jouent à cache-cache autour d'une grosse roche. Ils essaient de déjouer leur mère. Elle les cherche partout !

C Une vache regarde les camions passer sur la route. Est-ce qu'elle les compte ?

5. Doit-on écrire « j'apprens », « j'apprend » ou « j'apprends » ?
Comment fais-tu pour le savoir ? Discutes-en avec tes camarades.

6. Pour vérifier l'orthographe d'un verbe, tu peux consulter
un tableau de conjugaison comme ceux qui se trouvent dans
Mes outils pour écrire ou dans un dictionnaire de verbes.
Observe comment est fait ce tableau.

7. Voici une stratégie qui peut t'aider à consulter un tableau
de conjugaison.

Pour consulter un tableau de conjugaison

1° Je trouve l'infinitif du verbe que je cherche. Pour cela,
je place « il faut », « je veux » ou « je dois » devant
ce verbe.

Ex. : Je veux **apprendre** : « j'appren? » est le verbe
« apprendre ».

2° Je consulte la liste alphabétique de mes tableaux de
conjugaison : je trouve sur quel verbe modèle se
conjugue le verbe que je cherche.

Ex. : Le verbe « apprendre » se conjugue comme
le verbe « prendre ».

3° Je vais à la page où le verbe modèle est conjugué.

4° Je me demande à quel temps et à quelle personne
je veux employer ce verbe.

Ex. : « J'appren? » est à l'indicatif présent,
à la 1re personne du singulier.

5° Je cherche le temps et la personne dans le tableau
de conjugaison du verbe modèle.

Ex. : Je trouve « je prends » ; j'écris donc :
« j'apprends ».

---

8. Place-toi avec un ou une camarade. Ensemble, utilisez la stratégie
que vous venez d'apprendre pour compléter la fiche qu'on vous
remettra.

9. Le texte qui suit contient des erreurs. Place-toi avec un ou une camarade. Ensemble,

- trouvez les erreurs;
- dans chaque cas, dites si l'erreur porte sur le nom (N), sur l'accord de l'adjectif (Adj.) ou sur l'accord du verbe (V).

> L'âne Boubi flânais dans son pré avec une bride fleuri au cou. Il fesait des petit pas autour de ses arbuste préférées. Justin pensait que son âne dansais pour saluer le soleil.

10. Est-ce que vous trouvez important de savoir si un mot est un nom, un adjectif ou un verbe? Expliquez votre réponse et communiquez-la à la classe.

11. Classe les mots soulignés du texte suivant dans un tableau comme celui-ci.

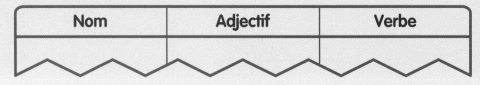

Nom	Adjectif	Verbe

> En regardant son <u>âne</u> <u>Boubi</u>, Justin <u>devient</u> inquiet. Il <u>décide</u> alors d'aller le trouver. Justin aime beaucoup son âne, mais il trouve qu'il <u>a</u> parfois un comportement <u>étrange</u>. Il lui <u>adresse</u> des <u>paroles</u> <u>aimables</u> et Boubi se <u>calme</u> aussitôt.

1. Relis ton poème. Cette fois, vérifie les aspects suivants :
   - la structure de chaque phrase et la ponctuation, si tu as ponctué ton poème ;
   - les accords dans les groupes du nom ;
   - l'orthographe des pronoms ;
   - l'accord des verbes ;
   - l'orthographe d'usage de tous les mots.

2. En classe, discutez de la manière dont vous allez organiser votre recueil de poèmes.
   - Quel titre donnerez-vous à votre recueil ?
   - Dans quel ordre placerez-vous les poèmes ?
   - Transcrirez-vous vos poèmes à la main ou à l'aide d'un logiciel de traitement de texte ?

3. Transcris ton poème en suivant les décisions prises par la classe, puis illustre-le. Relis ton poème une dernière fois pour t'assurer qu'il ne contient pas d'erreurs.

4. Repère, dans ton poème, trois mots que tu as trouvés difficiles à orthographier. Transcris-les dans ton cahier en t'assurant que leur orthographe est correcte.

Orthographe d'usage

12. Tu sais que le nom « animal » devient « animaux » au pluriel. Voici d'autres noms semblables. Écris-les au singulier et au pluriel, puis mémorise leur orthographe.

bocal – canal – cheval – hôpital – journal – métal – orignal

13. Ces adjectifs se terminent en « -al » au masculin singulier. Complète un tableau semblable au suivant. Au besoin, consulte un dictionnaire.

Masculin singulier	Masculin pluriel	Féminin singulier	Féminin pluriel
Ex. : brutal	brutaux	brutale	brutales
			égales
matinal			
		normale	
	originaux		
			postales
principal			
	spatiaux		
		spéciale	
			végétales

14. D'autres noms se terminent par un « x » au pluriel. Écris le pluriel de chacun d'eux en plaçant un déterminant devant. Mémorise ensuite l'orthographe de ces noms.

bateau – corbeau – couteau – drapeau – manteau – moineau – morceau – poteau – rideau – seau – ruisseau – veau

15. Les mots qui se terminent par « ou » au singulier se terminent par un « s » au pluriel. Il y a toutefois des exceptions. Classe les mots qui suivent en deux colonnes selon qu'ils se terminent par un « s » ou un « x » au pluriel.

Finale en « -s »	Finale en « -x »

un bijou — des bijoux

un caillou — des cailloux

un chou — des choux

un clou — des clous

un cou — des cous

un chien fou — des chiens fous

un genou — deux genoux

un hibou — des hiboux

un joujou — des joujoux

un kangourou — des kangourous

un coussin mou — des coussins mous

un pou — des poux

un sou — des sous

un trou — des trous

16. Les mots suivants se terminent aussi par le son [ou], mais ils s'écrivent avec une lettre muette à la fin. Ils prennent tous un « s » au pluriel.

bajoue – boue – bout – coup – goût – joue – loup – roue

Un bestiaire à lire

Enfin, tu vas pouvoir lire le bestiaire de ta classe. Tu feras la connaissance de bêtes nées de l'imaginaire de tes camarades de classe. Place à la fantaisie !

1. Présente ton poème aux élèves de ta classe.

- Lis-le une ou deux fois pour trouver l'intonation qui le rendra vivant.
- Lis-le lentement, avec expression, à tes camarades.

2. Avec les élèves de ta classe, discute des poèmes que tu viens d'entendre.

- As-tu perçu certains animaux autrement en écoutant ces poèmes ? Si oui, lesquels ?
- Compare tes perceptions avec celles de tes camarades.

3. Terminez votre recueil, puis présentez-le à la personne responsable de la bibliothèque.

4. Évalue cette expérience dans le monde animal et dans l'univers des poètes.

- Que penses-tu du recueil de ta classe ? Qu'est-ce qui te plaît le plus ?
- As-tu aimé lire des poèmes sur les animaux ? As-tu le goût d'en lire d'autres ?
- Qu'est-ce que tu préfères : étudier les animaux dans des textes documentaires, lire des histoires d'animaux ou lire des poèmes sur les animaux ?
- As-tu aimé écrire un poème ? Qu'est-ce que tu as préféré ?

5. Fais ton bilan personnel en te servant de la fiche qu'on te remettra. Range-la ensuite dans ton portfolio avec une copie de ton poème.

Projet 6

D'hier à aujourd'hui

D'où viennent les objets que nous utilisons tous les jours? Il y a 100, 200 ou 500 ans, les hommes et les femmes se servaient-ils de couteaux et de fourchettes pour manger? Portaient-ils les mêmes vêtements que nous? Voilà quelques-unes des questions auxquelles tu pourras répondre au cours de ce projet.

Le but du projet

Avec ton équipe, tu vas concevoir une page Web que tu mettras en ligne. Tu y publieras la petite histoire d'un objet.

Les étapes à suivre

1. Tu vas t'interroger sur la manière dont les gens vivaient autrefois.

2. En lisant un texte, tu vas apprendre d'où vient un objet très utile : le bouton.

3. Tu vas lire des textes pour connaître la petite histoire d'objets de tous les jours.

4. Avec ton équipe, tu vas rédiger un texte.

5. Tu vas présenter ton travail à tes camarades, puis tu vas faire le bilan du projet.

Tu vas apprendre à :

- soigner ton vocabulaire ;
- ajuster ta manière de parler selon le contexte ;
- dégager la structure d'un texte ;
- sélectionner des informations dans des textes ;
- utiliser les technologies de l'information ;
- employer des méthodes de travail efficaces ;
- structurer ton texte ;
- rédiger des énumérations ;
- reconnaître le temps des verbes ;
- écrire les verbes au futur proche.

Un bond... dans le passé

Tu vas :

Soigner
ton vocabulaire

Ajuster ta manière
de parler selon
le contexte

As-tu parfois l'impression que ta grand-mère a vécu au temps des dinosaures ? Détrompe-toi ! Entre cette période et la naissance de ta grand-mère, il s'est écoulé des millions et des millions d'années ! Pendant tout ce temps, la vie des humains s'est sans cesse améliorée.

1. Recule de 100 ans. Quels objets existaient à cette époque ?

2. Durant tout le projet, fais attention aux expressions et aux mots que tu emploies pour parler du temps.

- On utilise souvent des expressions ou des mots incorrects. Ainsi,

au lieu de dire :	**on doit dire :**
mais que je parte	quand je vais partir,
	dès que je vais partir
quand que mes amis m'appellent...	quand mes amis m'appellent...

- Voici des mots que tu peux employer pour parler du temps.

  avant, autrefois, depuis longtemps, il y a 100 ans, ensuite, puis, après, plus tard, à l'avenir, etc.

  En connais-tu d'autres ?

3. Forme une équipe avec trois de tes camarades. Ensemble,

- nommez un ou une porte-parole qui communiquera le résultat de votre discussion aux élèves de la classe ;
- répondez à une question parmi les suivantes :
  - Il y a 100 ans, les gens conservaient-ils la nourriture dans un réfrigérateur ?
  - Est-ce qu'on portait des t-shirts il y a 200 ans ?
  - Il y a 100 ans, pouvait-on communiquer par téléphone comme aujourd'hui ?
  - Il y a 500 ans, les gens mangeaient-ils dans une assiette ?
  - Si vous aviez vécu en l'an 1600, auriez-vous pris le train pour voyager ?

4. As-tu déjà remarqué qu'on ne s'exprime pas toujours de la même façon ?

- Parles-tu à tes amis de la même façon qu'à un adulte que tu connais peu ?
- Utilises-tu le même langage lorsque tu discutes en équipe et lorsque tu exposes tes idées devant toute la classe ?

5. Retrouve les membres de ton équipe. Ensemble, préparez votre réponse à la question de l'activité 3.

- Aidez le ou la porte-parole à noter des mots clés qui l'aideront à se rappeler vos idées.
- Aidez le ou la porte-parole à faire sa présentation dans un langage soigné.

6. Voici le moment de partager le résultat de votre discussion avec l'ensemble de la classe.

- Est-ce que le ou la porte-parole a rapporté fidèlement les idées de ton équipe ?
- Le langage utilisé par les porte-parole était-il différent de celui que tu utilises habituellement ?

L'année scolaire se terminera bientôt. Quelles découvertes as-tu faites grâce à la boîte aux questions ? Fais des suggestions pour améliorer cette activité à l'avenir.

Il est encore temps de choisir un livre à lire ! Consulte les suggestions qui te sont faites à la page 262 de ton manuel.

Les boutons ont-ils toujours existé ?

Tu vas :

Dégager la structure d'un texte

Les boutons sont des objets généralement minuscules, qu'on ne remarque pas. Peux-tu imaginer des vêtements sans boutons, sans fermetures éclair ni velcros ?

1. À ton avis, les gens ont-ils toujours attaché leurs vêtements avec des boutons ? Partage tes connaissances, tes questions et tes hypothèses avec les élèves de ta classe.

2. Lis le texte *Les boutons* pour connaître l'histoire de cet objet.

Les boutons

On ne sait pas qui a inventé le bouton ni quand au juste il a été inventé. Par contre, on peut penser qu'avant l'invention de ce petit objet, on se servait de lanières de cuir pour attacher les vêtements.

Au Moyen Âge, pour fermer les deux parties d'un vêtement, on utilisait le « fermail », sorte d'agrafe de métal. Ou encore, chez les riches, on cousait et on décousait les deux bords chaque fois qu'on mettait et qu'on enlevait le vêtement. Il faut dire qu'on ne changeait pas de vêtement tous les jours !

À cette époque, on connaissait tout de même les boutons ; ainsi, une rangée de boutons servait à rétrécir la manche très large d'une robe appelée « surcot ». Le surcot était porté autant par les hommes que par les femmes ; on le mettait par-dessus la tunique.

Sous le règne du roi Louis XIV, les boutons deviennent de riches garnitures. On y incruste des pierres précieuses, comme des diamants. Les rois qui succèdent à Louis XIV introduisent le bouton garni d'or, sur les costumes des militaires, puis des gros boutons excentriques, très colorés. Par la suite, les boutons de nacre prennent la vedette. La nacre est la matière dure qui tapisse l'intérieur de la coquille de certains mollusques.

Aujourd'hui, on trouve des boutons de formes et de matières diverses. Depuis quelques années cependant, les bandes de velcro remplacent les boutons sur certains vêtements... pour le plus grand plaisir des enfants et des parents!

3. Discute de ce que tu as lu avec les élèves de ta classe.

- Le texte a-t-il confirmé tes connaissances et tes hypothèses? Lesquelles?
- As-tu trouvé des réponses à tes questions?
- Trouves-tu que ce texte t'apporte assez d'informations sur le bouton? Explique ta réponse.

4. Observe le schéma ci-dessous. Selon toi, donne-t-il une bonne idée du texte *Les boutons*?

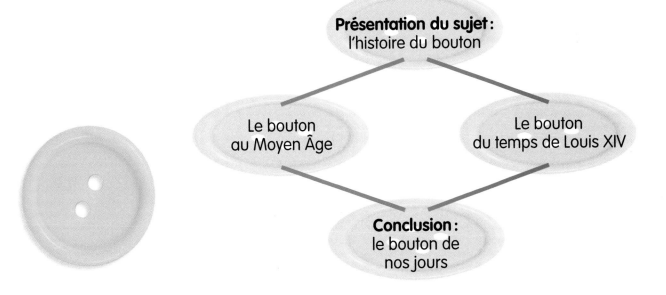

Présentation du sujet:
l'histoire du bouton

Le bouton
au Moyen Âge

Le bouton
du temps de Louis XIV

Conclusion:
le bouton de
nos jours

5. À ton avis, quelle est l'utilité de connaître le schéma ou la structure d'un texte lorsque tu le lis? Quand tu écris un texte, est-ce une bonne idée de suivre un schéma? Pourquoi?

De la fourchette au camion

Tu vas :

Dégager la structure d'un texte

Sélectionner des informations dans des textes

Utiliser les technologies de l'information

Y a-t-il des objets dont tu aimerais connaître l'histoire ? Notre environnement est plein de ces objets très utiles dont on aurait de la difficulté à se passer. On se demande comment les hommes et les femmes ont pu vivre sans eux.

1. Choisis le domaine qui t'intéresse parmi les suivants :
- les petits objets de la vie quotidienne ;
- les objets de la table ;
- les appareils utiles dans une maison ;
- les moyens de transport ;
- les vêtements.

2. Forme une équipe avec des élèves qui s'intéressent au même domaine que toi. Ensemble,
- trouvez les textes du recueil (p. 215 à 236) qui traitent du domaine que vous avez choisi ;
- déterminez quel texte chaque membre de l'équipe aura à lire.

3. Complète les parties A et B de la fiche *Un objet de la vie quotidienne.*
- Dans la partie A, écris ce que tu sais sur l'objet que tu as choisi.
- Lis ton texte, puis complète la partie B. Écris les idées de chaque partie du texte dans le schéma.

4. Présente ton schéma aux membres de ton équipe. Chaque schéma donne-t-il une bonne idée du texte ?

5. Aimerais-tu en savoir davantage sur cet objet ? Consulte des ouvrages à la bibliothèque et des sites Internet. Ajoute les informations trouvées dans la partie C de ta fiche.

La vie des objets

Tu vas :

Employer
des méthodes
de travail efficaces

Structurer ton texte

Les objets qu'on utilise tous les jours ont une vie. Ils ont été inventés grâce aux progrès de la technologie. Ils ont ensuite été modifiés pour répondre toujours mieux à nos besoins. À toi de faire connaître la vie d'un de ces objets devenus indispensables.

1. Avant d'écrire ton texte, réfléchis quelques minutes à ta démarche d'écriture.

Voici comment Sébastien s'y prend pour écrire un texte ; discutes-en avec les élèves de ta classe.

Dès qu'il veut écrire un texte, Sébastien prend son cahier et commence tout de suite sa rédaction. Il écrit son texte sans s'arrêter, jusqu'à ce qu'il n'ait plus d'idées. Il le relit rapidement et corrige quelques erreurs, surtout au début de son texte. Puis il le remet à son enseignante.

- Que penses-tu de la démarche de Sébastien ?
- Est-ce que tu fais parfois des pauses pendant que tu rédiges un texte ? Qu'est-ce qui fait que tu t'arrêtes ?

Planification

1. Maintenant que tu as appris à dégager la structure d'un texte, exerce-toi à en structurer un. Ensuite, tu planifieras le tien.

- Lis les phrases de la fiche *L'histoire des routes*.
- Regroupe les phrases à l'aide du schéma de la fiche.
- Écris le texte en plaçant les phrases en ordre et en faisant des paragraphes.

2. En équipe, décidez de la présentation de votre page Web. Vous pouvez en faire le croquis par exemple.

3. Trouve des idées pour ton texte.

- Relis tes notes de lecture.
- Indique les informations que tu veux conserver.

4. Fais le schéma de ton texte.

5. Présente ton schéma aux membres de ton équipe. Ensemble, examinez chaque schéma et vérifiez s'il est logique. Suggérez des modifications, au besoin.

Rédaction et révision

1. Rédige ton texte en suivant ton schéma et en tenant compte des suggestions de tes camarades.

- Organise tes idées en paragraphes.
- Laisse assez d'espace pour retravailler ton texte.
- Si tu doutes de l'orthographe d'un mot, indique-le à mesure que tu écris.

2. Relis ton texte : vérifie s'il contient bien tout ce que tu voulais y mettre et s'il est bien structuré.

3. Lis ton texte aux membres de ton équipe. Ensemble, écoutez chaque texte en vous posant les questions suivantes. Faites ensuite des suggestions pour l'améliorer.

- Les informations sont-elles claires ?
- Y a-t-il assez d'informations pour que l'on comprenne bien le sujet ?
- Le texte est-il bien structuré ?

4. Apporte des modifications à ton texte pour l'améliorer.

Syntaxe

Utilise ton cahier au besoin.

Tu vas:

Construire des énumérations

1. Tu as sûrement déjà fait des listes. Par exemple, tu peux avoir préparé une liste de vêtements à apporter pour une fin de semaine.
Tu as alors écrit:

– chandail chaud

– imperméable

– jeans

– bottes de pluie

Dans un texte, on fait rarement des listes comme celle-là. On écrit plutôt:

Pour la fin de semaine, je dois apporter un chandail chaud, mon imperméable, mes jeans et mes bottes de pluie.

Dans les deux cas, tu as fait une énumération. Quelles différences observes-tu entre ces deux énumérations?

2. Fais une liste à ton tour, puis insère-la dans une phrase comme dans l'exemple que tu viens d'observer.

3. Explique ta phrase aux membres de ton équipe.

• Dans ta phrase, qu'est-ce que tu as énuméré?

• Comment as-tu construit ton énumération?

• Les phrases écrites par les membres de ton équipe sont-elles toutes construites de la même façon?

4. Dans la phrase « Pour la fin de semaine, je dois apporter un chandail chaud, mon imperméable, mes jeans et mes bottes de pluie », on a énuméré des vêtements. Pour cela,

- on a utilisé des groupes du nom ;
- on a placé une virgule entre les deux premiers groupes du nom ;
- on a uni les deux derniers groupes du nom par le mot « et ».

5. Observe les deux phrases suivantes. Ont-elles le même sens ? Explique ta réponse.

A Simon aimerait conduire un camion rouge, vert et jaune.

B Simon aimerait conduire un camion rouge, vert ou jaune.

6. Observe les phrases suivantes avec les membres de ton équipe.

- Expliquez comment les énumérations sont construites.
- Communiquez vos observations aux élèves de la classe.

A Pour le transport des marchandises lourdes, on utilise le bateau, le train et le camion.

B Les personnes qui voyagent sur le continent prennent l'avion, l'auto, le train ou l'autobus.

C Les premiers jeans étaient tous bleus ; maintenant, on voit des jeans noirs, rouges, gris ou verts.

D Après l'école, je me demande parfois si je devrais lire, jouer ou aller nager.

L'ORTHOGRAPHE

Orthographe grammaticale

Utilise
ton cahier
au besoin.

Tu vas :

Reconnaître
le temps
des verbes

1. Reconnais-tu facilement à quels temps les verbes sont conjugués ?

• Trace une ligne du temps comme celle-ci.

Avant   Maintenant   Plus tard

• Place les verbes des phrases ci-dessous au bon endroit sous la ligne du temps.

• À côté de chaque verbe, écris à quel temps il est conjugué.

A   Les diligences transportaient des passagers.

B   Les voyageurs s'habillent chaudement.

C   Les premières autos ont étonné bien des personnes.

D   Lorsque nous serons plus attentifs à l'environnement, nous conduirons des voitures électriques.

E   Certains bateaux sont si puissants qu'ils transportent des trains.

F   As-tu vu le nouveau camion de pompiers ?

2. Lorsqu'on parle d'événements à venir, on peut employer le futur simple ou le futur proche comme dans les phrases suivantes.

A Les vêtements changeront encore au fil des années.

B Les vêtements vont changer encore au fil des années.

3. Observe les phrases suivantes avec les membres de ton équipe.

- Comment le futur proche est-il formé ?

- Comment le verbe au futur proche s'écrit-il ?

A Avec la robotisation, les tâches domestiques vont devenir beaucoup plus faciles.

B Un jour, les aspirateurs vont alerter les gens lorsque des objets vont encombrer une pièce.

C Quand les ingénieurs vont–ils inventer un robot pour ranger les jouets et les vêtements ?

4. Le futur proche est un temps composé.

Ex. : Les ordinateurs vont améliorer notre vie quotidienne.

- Le verbe s'écrit en deux mots : le verbe « aller » au présent suivi du verbe à l'infinitif.

- Le verbe « aller » s'accorde avec le sujet « les ordinateurs » et le verbe qui suit s'écrit à l'infinitif.

5. Mets les verbes des phrases suivantes au futur proche.

A Les montres fonctionnent à l'énergie solaire.

B Les gens utilisent le téléphone pour échanger des photos.

C Les personnes presbytes portent des verres de contact.

1. Lis ton texte une phrase à la fois en suivant les étapes ci-dessous.
   - Repère le début et la fin de la phrase et vérifie si elle est bien ponctuée. Si la phrase contient une énumération, assure-toi qu'elle est bien ponctuée.
   - Vérifie si la phrase est complète et bien structurée.
   - Repère les groupes du nom et vérifie les accords.
   - Si la phrase contient des pronoms, assure-toi qu'ils sont bien orthographiés.
   - Vérifie l'accord des verbes.
   - Consulte ta liste orthographique ou un dictionnaire pour vérifier l'orthographe des mots.

2. Fais vérifier ton texte par un ou une camarade et vérifie le sien. Assurez-vous qu'il ne reste pas d'erreurs.

3. Reviens en équipe.
   - Rappelez-vous le croquis de votre page.
   - Décidez comment vous allez disposer vos textes, puis choisissez les illustrations appropriées ; vous pouvez sûrement en télécharger d'une banque d'images.

4. As-tu besoin d'aide ou de conseils pour utiliser le logiciel de traitement de texte ? Qui peut t'aider dans l'équipe ?

5. Transcris ton texte et fais-le vérifier par un ou une camarade de ton équipe afin qu'il ne contienne pas d'erreurs.

6. Ton texte est maintenant terminé. Quelle démarche as-tu suivie pour l'écrire ? Trouves-tu ta démarche intéressante ? efficace ? difficile à suivre ? Partage tes réflexions avec les élèves de ta classe.

7. En équipe, trouvez, dans vos textes, dix mots que vous voulez apprendre à orthographier.
   - Cherchez ces mots dans votre liste orthographique ou dans un dictionnaire.
   - Observez les particularités de ces mots.
   - Transcrivez-les dans vos cahiers et aidez-vous à mémoriser leur orthographe.

Orthographe d'usage

6. Trouve des ressemblances dans les mots de chaque série. Mémorise l'orthographe de ces mots.

avion, bouton, camion, pantalon

bateau, chapeau, couteau, marteau

pharmacie, phrase, photographie, téléphone

aspirateur, congélateur, ordinateur, réfrigérateur

banc, fusil, lit, matelas, outil, parapluie

7. Les noms suivants se terminent par le son [oir]. Classe-les selon la manière d'écrire la finale, puis mémorise leur orthographe.

armoire, arrosoir, baignoire, bouilloire, histoire, miroir, mouchoir, nageoire, patinoire, poire, pouvoir, réservoir, séchoir, soir, tiroir, trottoir, victoire

8. Fais ce travail avec un ou une camarade. Faites le plus grand nombre d'observations possible sur l'orthographe de ces mots, puis mémorisez-les.

assiette, bicyclette, casserole, crayon, cuiller ou cuillère

Des informations à la page

Tu vas :

Soigner
ton vocabulaire

Ajuster ta manière
de parler selon
le contexte

Tu en connais maintenant beaucoup plus sur l'origine d'objets qui nous sont devenus indispensables. Grâce à la technologie, tu peux communiquer tes connaissances à d'autres personnes et faire à ton tour des découvertes étonnantes.

1. Reviens en équipe. Ensemble, organisez votre page Web et mettez-la en ligne.

2. Faites la promotion de votre page auprès de vos camarades. Pensez au langage que vous allez utiliser.

- Présentez votre domaine et vos sujets de recherche.
- Parlez de certaines de vos découvertes ou posez des questions à vos camarades afin de leur donner le goût de consulter votre page.
- Suggérez-leur des livres et des sites Internet à consulter.

3. Faites votre présentation et écoutez celle des autres équipes.

4. En équipe, faites le bilan du projet, puis discutez-en en classe.

- Le sujet vous a-t-il intéressés ? Avez-vous le goût de poursuivre cette recherche ? Quel autre sujet aimeriez-vous explorer ?
- Quels apprentissages avez-vous faits ? Qu'avez-vous appris au cours de ce projet ? Expliquez votre réponse.

5. Fais ton bilan personnel dans ton journal de bord en utilisant la fiche qu'on te remettra.

Projet 7

Le procès de Maître Renard

Le renard a bien mauvaise réputation.
On le présente souvent comme un être rusé,
malin même, qui joue des tours pendables.
Le personnage de renard dans les histoires
est-il toujours aussi détestable ?
À toi d'en juger !

Le but du projet

Avec les élèves de ta classe, tu vas porter un jugement sur le personnage de Maître Renard.

Les étapes à suivre

1. Tu vas faire le bilan de tes expériences de lecture.
2. Tu vas lire une fable où Jean de La Fontaine fait un portrait devenu célèbre de Maître Renard.
3. Avec ton équipe, tu vas lire une histoire, puis recueillir des indices sur un trait de caractère du renard.
4. Tu vas écrire une histoire en faisant ressortir un trait de caractère du renard.
5. Avec ta classe, tu vas participer au procès de Maître Renard. Tu feras ensuite le bilan du projet.

Tu vas apprendre à :

- connaître tes goûts en matière de lecture ;
- lire une fable ;
- faire preuve de jugement critique ;
- connaître un personnage de récit ;
- travailler en coopération ;
- faire preuve de créativité ;
- structurer un récit ;
- améliorer un texte ;
- reconnaître le groupe sujet et le groupe du verbe dans la phrase ;
- accorder les verbes à l'impératif ;
- conjuguer des verbes ;
- expliquer les accords dans la phrase ;
- employer un langage soigné ;
- écouter attentivement les idées des autres.

Un peu, beaucoup, passionnément, à la folie

Tu vas :

Connaître tes goûts en matière de lecture

On dit parfois qu'on aime une personne un peu, beaucoup, passionnément, à la folie ; tout dépend de l'intensité de notre amour pour elle. Qu'en est-il de ton amour pour les livres ?

1. Qu'est-ce que tu as lu au cours de l'année scolaire ?
Quel bilan fais-tu de tes expériences de lecture ?

- Réponds aux questions suivantes pour préparer ta discussion en équipe.
- Note tes réponses dans ton carnet de lectures.

a) Combien de livres as-tu lus au cours de l'année scolaire ? Selon toi, tu as lu :

un peu ▇   moyennement ▇
beaucoup ▇   énormément ▇

b) Empruntes-tu des livres à la bibliothèque ? À quelle fréquence ?

jamais ▇   parfois ▇   souvent ▇
toutes les semaines ▇

c) Quel genre de livres préfères-tu ? Place-les par ordre de préférence, en commençant par ceux que tu aimes le plus.

romans ▇   bandes dessinées ▇
albums de contes ▇
ouvrages pratiques ▇
ouvrages documentaires ▇   autres ▇

d) Parmi les livres que tu as lus cette année, lequel voudrais-tu suggérer aux membres de ton équipe ? Explique tes raisons.

2. Partage ton bilan avec les membres de ton équipe.
- Prenez une question à la fois.
- À tour de rôle, dites ce que vous avez répondu, puis discutez-en.

3. Discute avec les élèves de ta classe.
- Quelle place la lecture occupe-t-elle dans ta vie ?
- Dirais-tu que tu aimes la lecture un peu, beaucoup, passionnément ou à la folie ? Explique ta réponse.

4. Quelle idée te fais-tu du renard ? D'où te vient cette idée ? Écris ce que tu penses du renard dans ton journal de bord.

 Aimerais-tu lire d'autres histoires ? Va voir les suggestions de lectures à la page 262 de ton manuel. Peut-être trouveras-tu des idées excellentes pour tes vacances.

Un renard célèbre

Tu vas :

Lire une fable

Faire preuve de jugement critique

As-tu déjà lu ou entendu une fable de Jean de La Fontaine ? Partout dans le monde francophone, des écoliers ont appris, un jour ou l'autre, l'une de ses fables. Elles mettent en scène des animaux qui ressemblent étrangement aux humains. Tu verras par toi-même !

1. La fable *Le corbeau et le renard* est l'une des plus connues de Jean de La Fontaine. La version suivante a été adaptée par Max Bolliger. Lis-la afin de savoir comment l'auteur perçoit le renard.

Le corbeau et le renard

Il était une fois un corbeau qui avait trouvé un morceau de fromage. Tout joyeux, il s'installa sur une branche pour commencer son festin.

C'est alors qu'un renard sortit de la forêt. C'est l'odeur du fromage qui l'avait attiré.

« Bonjour, maître Corbeau », dit-il respectueusement.

Le corbeau, qui tenait dans son bec le fromage, ne répondit pas.

« Comme tu es beau aujourd'hui », continua le renard.

« Ton plumage resplendit comme l'habit du paon. Et tes yeux ! Ils brillent comme deux diamants ! »

Le corbeau commença à se regarder et à s'admirer.

« Mais c'est surtout ton bec que je trouve remarquable », poursuivit le renard. « Avec un bec pareil, tu dois avoir une voix merveilleuse. Ah ! Si je pouvais l'entendre… rien qu'une fois ! Mon bonheur serait immense ! » soupira-t-il.

À ces mots, le corbeau ouvrit grand son bec et, de toutes ses forces, il se mit à croasser.

Le fromage tomba.

Le renard le saisit et fut très content de s'en régaler.

Extrait de Max BOLLIGER, *Un bel après-midi d'été*, Paris, Éditions Épigones, collection Bohem Press, 1988. © Éditions Épigones

2. Discute de cette fable avec les élèves de ta classe.

- Qu'est-ce que tu as compris ?
- Une fable est une histoire qui sert à donner une leçon de vie. Quelle leçon peux-tu tirer de cette fable ?
- Est-ce que cette leçon peut s'appliquer à ta vie ? Explique dans quelles circonstances.

3. En équipe, répondez à la question suivante : comment l'auteur présente-t-il le renard ? Justifiez votre réponse en disant sur quels indices vous vous appuyez.

4. La plupart du temps, dans les récits, on ne parle pas directement des traits de caractère d'un personnage, c'est-à-dire de ses qualités et de ses défauts. Pour les connaître, il faut les déduire. Voici une stratégie qui peut t'aider.

Pour déduire les traits de caractère d'un personnage

1° Je lis le texte pour bien comprendre l'histoire.

2° Je cherche des indices sur les traits de caractère du personnage. Ça peut être :
- les paroles qu'il prononce ;
- les actions qu'il pose ;
- ce que les autres personnages disent et pensent de lui.

3° Je réfléchis à mes expériences personnelles et je me demande :
- comment serait une personne qui dirait ou qui ferait la même chose que le personnage ;
- pourquoi le personnage dit cela ou agit ainsi.

4° Je rassemble mes déductions et je nomme les traits de caractère du personnage.

5. Jean de La Fontaine a écrit ses fables au 17e siècle, il y a donc plus de 300 ans, en empruntant le style poétique de son époque. Lis la fable *Le corbeau et le renard* telle qu'il l'a écrite.

Le corbeau et le renard

Maître Corbeau, sur un arbre perché,
Tenait en son bec un fromage.
Maître Renard, par l'odeur alléché,
Lui tint à peu près ce langage :
Et bonjour, Monsieur du Corbeau.
Que vous êtes joli ! que vous me semblez beau !
Sans mentir, si votre ramage
Se rapporte à votre plumage,
Vous êtes le Phénix[1] des hôtes de ces bois.
À ces mots, le Corbeau ne se sent pas de joie ;
Et pour montrer sa belle voix,
Il ouvre un large bec, laisse tomber sa proie.
Le Renard s'en saisit, et dit : Mon bon Monsieur,
Apprenez que tout flatteur
Vit aux dépens de celui qui l'écoute.
Cette leçon vaut bien un fromage, sans doute.
Le Corbeau honteux et confus
Jura, mais un peu tard, qu'on ne l'y prendrait plus.

Jean de LA FONTAINE,
Paru dans *Fables choisies de La Fontaine*, Paris, Librairie Gründ, 1982.

6. Que penses-tu de l'écriture de Jean de La Fontaine ?
- Trouves-tu sa fable difficile à comprendre ?
- Quelles différences remarques-tu entre le texte de La Fontaine et celui que tu as lu à l'activité 1 ?

---

1. Dans la mythologie, le Phénix était un oiseau très coloré qui revenait à la vie après avoir brûlé.

7. Pour écrire sa fable, La Fontaine s'était inspiré d'une fable écrite par Ésope, un célèbre auteur grec de l'Antiquité. Voici une adaptation de la fable d'Ésope.

Le renard et la corneille

Une corneille, ayant dérobé un beau morceau de fromage à la fenêtre d'une maison de campagne, l'avait emporté au sommet d'un arbre. Un renard qui avait tout vu, se dit :

« Si je sais m'y prendre, j'aurai du fromage pour dîner ce soir. »

Il réfléchit un instant, et arrêta son plan.

« Bonsoir, mademoiselle Corneille, dit-il, que vous êtes en beauté, aujourd'hui. Je n'ai jamais vu votre plumage aussi lustré. Votre cou a la grâce de celui d'un cygne et vos ailes ont plus de force que celles d'un aigle. Sûrement, si vous pouviez parler, votre chant aurait la suavité de celui d'un rossignol. »

La corneille, fière d'une telle louange, voulut montrer qu'elle savait chanter aussi. Mais, dès qu'elle ouvrit le bec pour croasser, le fromage tomba à terre et le renard s'en saisit vite.

Et, en s'esquivant, il manqua de galanterie. Appelant la corneille, il lui dit :

« J'ai pu plaisanter sur votre beauté, mais je n'ai rien dit sur votre intelligence. »

Ne vous laissez pas ridiculiser par la flatterie.

Extrait de *Les fables d'Ésope*, choisies et adaptées par L. Untermayer, Paris, Éditions des Deux Coqs d'Or, 1966. © Éditions des Deux Coqs d'Or

8. Tu as lu trois versions de la même fable. Laquelle préfères-tu ? Discutes-en avec tes camarades.

Maître Renard, qui es-tu?

Tu vas :

Connaître
un personnage
de récit

Faire preuve de
jugement critique

Travailler
en coopération

Est-ce que Maître Renard est toujours ce personnage qui fait appel à la ruse pour atteindre son but comme dans la fable *Le corbeau et le renard* ? A-t-il parfois d'autres traits de caractère ? À toi de le découvrir !

1. Tu trouveras des histoires de renards à la fin de ton manuel (p. 237 à 254).

- Survole les textes : observe le titre et les illustrations.
- Lis le premier paragraphe des textes qui t'attirent.
- Choisis celui qui t'intéresse.

2. Selon toi, d'après le titre, les illustrations et le premier paragraphe, qu'est-ce que cette histoire raconte ?

3. Lis l'histoire que tu as choisie afin de bien la comprendre.

4. Écris tes premières impressions dans ton journal de bord.

- Est-ce que le renard ressemble à l'idée que tu t'en faisais ?
- L'histoire se déroule-t-elle comme tu l'avais prévu ?

5. Forme une équipe avec des élèves qui ont lu la même histoire que toi.

- Ensemble, discutez de vos réactions à l'histoire que vous avez lue. Trouvez-vous l'histoire intéressante ? La recommanderiez-vous à d'autres élèves ? Justifiez votre réponse.
- Selon vous, quel est le trait de caractère du renard dans cette histoire ?

6. À la fin du projet, vous ferez le procès de Maître Renard. Vous devez donc recueillir des indices sur son trait de caractère le plus marquant dans l'histoire que vous avez lue.

- Déterminez les rôles dans votre équipe. Vous devez nommer :
  - l'avocat ou l'avocate qui devra prouver que Maître Renard est un personnage détestable ou, qu'au contraire, il a de grandes qualités ;
  - les recherchistes qui vont aider l'avocat ou l'avocate à trouver des indices pour préparer son plaidoyer ;
  - le ou la secrétaire qui prendra des notes.

- Notez vos indices sur la fiche *Enquête sur un personnage*.

- Préparez soigneusement votre plaidoyer.

7. Évaluez votre travail d'équipe.

- Êtes-vous satisfaits de votre travail en équipe ? Expliquez pourquoi.

- Est-ce que tous les membres de l'équipe ont bien joué leur rôle ?

- Qu'est-ce que vous voudriez changer pour améliorer votre travail d'équipe dans l'avenir ?

Fin renard ou renard aimable ?

Tu vas :

Faire preuve
de créativité

Travailler
en coopération

Structurer un récit

Tu ne connais pas encore l'issue du procès, mais tu te doutes bien que les renards ne sont pas toujours rusés. Comment sera le renard dans l'histoire que tu vas rédiger avec les membres de ton équipe ? C'est à vous de le décider !

Planification

1. Forme une équipe avec trois camarades. Ensemble, vous allez inventer une histoire de renard.
   - Pensez à ce que vous devez faire pour que votre équipe fonctionne bien.
   - Rappelez-vous les étapes à suivre pour écrire un texte.

2. Trouvez le trait de caractère du personnage de renard dans votre histoire.

3. Faites le plan de votre histoire en vous inspirant du schéma ci-dessous.

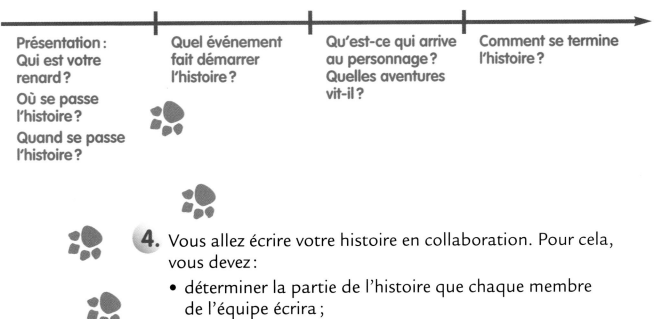

| Présentation : Qui est votre renard ? Où se passe l'histoire ? Quand se passe l'histoire ? | Quel événement fait démarrer l'histoire ? | Qu'est-ce qui arrive au personnage ? Quelles aventures vit-il ? | Comment se termine l'histoire ? |

4. Vous allez écrire votre histoire en collaboration. Pour cela, vous devez :
   - déterminer la partie de l'histoire que chaque membre de l'équipe écrira ;
   - décider des idées à développer dans chaque partie.

Rédaction et révision

1. Écris la partie de l'histoire dont tu es responsable. Fais d'abord un brouillon en laissant assez d'espace pour retravailler ton texte. Si tu doutes de l'orthographe d'un mot, indique-le à mesure que tu écris.

2. Relis ton texte en te demandant s'il correspond bien au plan décidé en équipe.

3. Reviens en équipe.
- Ensemble, lisez chaque partie de l'histoire ;
- vérifiez si elle correspond bien au plan ou si les changements apportés sont pertinents ;
- assurez-vous que le déroulement de l'histoire est logique.

LES MOTS ET LES PHRASES

Syntaxe et vocabulaire

Tu vas :

Améliorer un texte

Utilise ton cahier au besoin.

1. Rappelle-toi ce que tu peux faire pour améliorer un texte. Tu peux :
- ajouter des mots ou des groupes de mots ;
  Ex. : Un matin
  Un chaud matin d'été
- déplacer des mots ou des groupes de mots ;
  Ex. : Un renard solitaire se promenait dans un champ un matin.
  Un matin, un renard solitaire se promenait dans un champ.
- remplacer un groupe de mots par un pronom ou par un autre groupe de mots.
  Ex.: Les poules avaient peur du renard.
  Les poules avaient peur de lui.
  Les poules avaient peur de l'animal.

2. Forme une équipe avec un ou une camarade. Ensemble, améliorez le texte suivant en utilisant les moyens que vous connaissez.

Un soir, un renard se promenait dans la forêt. Le renard cherchait un repas, car il avait faim. Le renard leva les oreilles. Il avait entendu un bruit. Le renard se dit en lui-même :

— Qu'est-ce que j'entends ? Je ne suis pas seul dans les parages... Qui fait ce bruit ?

Le renard scruta les environs, mais il ne vit pas de traces sur la neige. Le bruit cessa. Puis, le bruit reprit. Le renard leva les yeux et aperçut un porc-épic sur une branche.

3. Formez une nouvelle équipe, de quatre élèves cette fois. Comparez les modifications que vous avez apportées au texte précédent et discutez-en. Récrivez le texte en choisissant les modifications les plus intéressantes.

Tu vas :

Reconnaître
le groupe sujet et
le groupe du verbe
dans la phrase

4. Les phrases suivantes sont incomplètes : il leur manque
soit le groupe sujet, soit le groupe du verbe, soit les deux.

- Complète chacune des phrases.
- Fais attention aux accords et ajoute la ponctuation au besoin.
- Dis si ce que tu as ajouté est un groupe sujet ou un groupe
du verbe.

A regardait au loin.

B Les renardeaux apeurés

C voient un renard apparaître entre les branches.

D Est-ce que craignent les chasseurs ?

E parce qu'il est plutôt prudent.

4. Retrouve ton équipe. Ensemble, relisez chaque partie
de votre histoire.

- Vérifiez si toutes les phrases sont bien structurées et bien
ponctuées.
- Suggérez des modifications pour rendre votre histoire plus
vivante et plus intéressante.

5. Reprends la partie de l'histoire dont tu es responsable. Décide
quelles suggestions tu retiens et apporte des améliorations à
ton texte.

Correction

L'ORTHOGRAPHE

Orthographe grammaticale

Tu vas :

Accorder les verbes à l'impératif

Utilise ton cahier au besoin.

1. Tu sais déjà que certaines phrases servent à donner des ordres ou des conseils, ou encore à faire des suggestions. Ce sont les phrases impératives.

Ex.: Le renard dit au porc-épic : «**Descends de ta branche. Faisons un bout de chemin ensemble**.»

Dans une phrase impérative,

- le verbe est conjugué à l'impératif ;
- le sujet n'est pas exprimé.

2. Dans un manuel, les consignes sont souvent données à l'impératif. Trouve trois verbes à l'impératif dans les consignes de ce projet.

3. Dans le texte qui suit, les verbes soulignés sont à l'impératif.

- À quel autre temps l'impératif ressemble-t-il ?
- Comment s'écrivent les verbes à l'impératif ?

Le porc-épic, surpris par le renard, lui répondit :

— Ne <u>crie</u> pas si fort ! Tu me casses les oreilles. <u>Monte</u> dans l'arbre si tu en es capable. <u>Voyons</u> si tu es aussi bon grimpeur que moi !

Le renard ne bougea pas. Il venait de voir un raton laveur arriver. Ce dernier leur dit :

— <u>Cessez</u> vos disputes. <u>Allons</u> plutôt ensemble faire une promenade dans la forêt.

4. Compare tes observations à celles qui suivent.

- L'impératif se conjugue généralement comme le présent de l'indicatif.
- L'impératif se conjugue seulement à trois personnes.
- Les verbes en « er » comme « aimer », ne prennent pas de « s » à la 2e personne du singulier de l'impératif. Observe le tableau ci-dessous.

Le verbe « regarder »		Le verbe « faire »	
à l'indicatif présent	à l'impératif présent	à l'indicatif présent	à l'impératif présent
je regarde		je fais	
tu regardes	regarde	tu fais	fais
il/elle/on regarde		il/elle/on fait	
nous regardons	regardons	nous faisons	faisons
vous regardez	regardez	vous faites	faites
ils/elles regardent		ils/elles font	

5. Transforme les phrases déclaratives suivantes en phrases impératives. Fais attention à l'orthographe du verbe.

A Tu cesses de parler pour ne pas faire fuir les animaux.

B Tu regardes au loin les nuages menaçants.

C Nous marchons ensemble jusqu'à la prochaine halte.

D Vous prenez vos bagages dans le coffre de l'auto.

6. Certains verbes sont plus difficiles que d'autres à conjuguer parce que leur radical change souvent de forme. Le radical est la partie qui est au début du verbe. Complète un tableau semblable au suivant en consultant un tableau de conjugaison, au besoin.

Indicatif présent	Imparfait	Conditionnel	Futur simple
elle doit	elle devait		
	tu allais		
		je ferais	
			ils prendront
	nous voulions		
vous savez			

7. Fais ce travail avec un ou une camarade. Expliquez l'orthographe des mots soulignés dans le texte ci-dessous.

Peu après <u>cette</u> aventure, le renard, le porc-épic et le raton laveur se <u>mettent</u> en route. <u>Ils</u> prennent la direction des <u>grands</u> sapins, au bas de la colline. Le renard regarde le porc-épic et lui dit :

— Tu <u>as</u> de la chance que je ne sois pas <u>bon</u> grimpeur ! <u>Soyons</u> amis maintenant. À trois, nous <u>pourrons</u> mieux flairer les chasseurs <u>rusés</u>.

Depuis ce jour, nos trois amis veillent sur les animaux <u>blessés</u> de la forêt et <u>les</u> protègent contre les attaques <u>inattendues</u>.

1. Relis ton texte pour corriger les erreurs d'orthographe. Lis-le une phrase à la fois en vérifiant :
   - les accords dans les groupes du nom ;
   - l'orthographe des pronoms ;
   - l'accord du verbe ou des verbes ;
   - l'orthographe d'usage de tous les mots.

2. Fais relire ton texte par un membre de ton équipe afin de t'assurer qu'il ne reste plus d'erreurs.

3. En équipe, décidez comment vous allez présenter votre texte.
   - Allez-vous le transcrire à la main ou à l'aide d'un logiciel de traitement de texte ?
   - Quelles illustrations voulez-vous ajouter ?

4. Affichez votre texte dans la classe afin que les autres élèves puissent le lire.

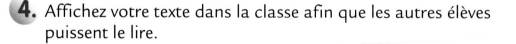

Orthographe d'usage

8. Fais ce travail avec un ou une camarade. Observez les mots suivants. Ils contiennent une lettre muette et ils ont aussi parfois d'autres particularités. À quels autres mots pouvez-vous penser pour retenir leur orthographe ?

   Ex. : Le mot « procès » se termine par « ès » comme dans les mots « progrès » et « succès ».

   avocat, bois, cent, champ, fruit, histoire, instant, longtemps, rang, renard, repos, sport

9. As-tu le sens de l'observation ? Trouve les mots suivants ailleurs dans ton manuel. Mémorise leur orthographe.

   adjectif, nom, pronom, verbe
   album, bibliothèque, roman
   alphabet, dictionnaire
   mot, phrase, texte

10. Trouve le masculin ou le féminin des adjectifs en complétant un tableau semblable au suivant.

Masculin	Féminin
attentif	
	basse
gentil	
	instructive
	jalouse
meilleur	
naturel	
	nulle
vif	
sot	
	virtuelle
	neuve

11. Voici quelques mots invariables. Observe leurs particularités et mémorise leur orthographe.

ailleurs, autrefois, dedans, dehors, parfois

à travers, en arrière, en avant, jusqu'à, s'il vous plaît

aussitôt, bientôt, tôt

12. Les mots suivants se prononcent de la même façon, mais ils s'écrivent différemment et ils n'ont pas le même sens.

compte, conte

cour, cours, court

sang, sans

- Compose des phrases où tu emploieras chacun de ces mots.
- Au besoin, consulte ton dictionnaire pour connaître le sens de ces mots.
- Donne tes phrases en dictée à un ou une camarade, puis corrigez-les ensemble.

Un procès mémorable

Tu vas :

Employer un langage soigné

Écouter attentivement les idées des autres

Le procès de Maître Renard va bientôt commencer ! Avec toute la classe, tu vas porter un jugement sur le personnage de renard dans les histoires.

1. Retrouve les membres de ton équipe. Ensemble, aidez l'avocat ou l'avocate à bien présenter sa preuve.

- Si tu es avocat ou avocate, exerce-toi à présenter ta preuve en employant un langage soigné.

- Si tu es recherchiste ou secrétaire, écoute le plaidoyer de l'avocat ou de l'avocate et fais-lui des suggestions pour améliorer son langage.

2. Le procès est commencé !

- Si tu es avocat ou avocate, présente ton plaidoyer.

- Sinon, prépare-toi à être membre du jury. Écoute les preuves des avocats et des avocates. Tu devras porter un jugement sur Maître Renard.

3. Discute avec les autres membres du jury.
- Quelles sont les preuves les plus convaincantes ?
- Quel est votre verdict : le renard est-il toujours rusé ou a-t-il d'autres traits de caractère ?

4. Poursuis la discussion avec les élèves de ta classe. Crois-tu que les préjugés peuvent nuire à quelqu'un ? Explique ta réponse.

5. Au cours de ce projet, tu as fait plusieurs apprentissages. Quels sont ceux dont tu vas te souvenir le plus longtemps ? Explique pourquoi.

6. Fais ton bilan dans ton journal de bord en te servant de la fiche qu'on te remettra.

7. Présente deux de tes travaux aux membres de ton équipe. Parmi les travaux que tu as faits au cours des trois derniers projets, choisis :
- celui auquel tu as consacré le plus d'énergie ;
- celui que tu aimerais afficher dans la classe.

Recueil de textes

Table des matières

Projet **1**

Hop ! la vie ! 135

Projet **2**

Comme chien et chat ! 149

Projet **3**

Le grand livre de l'écriture 171

Projet **4**

À chacun son toit 185

Projet **5**

Paroles d'animaux 199

Projet **6**

D'hier à aujourd'hui 215

Projet **7**

Le procès de Maître Renard 237

Projet 1

Hop ! la vie !

1. Les allergies alimentaires 136

2. L'asthme 138

3. L'autisme 140

4. Grippe ou rhume ? 142

5. La varicelle 144

6. L'otite 146

7. L'épilepsie 148

Les allergies alimentaires

La plupart des enfants aiment le beurre d'arachide. Malheureusement, certains n'en mangent jamais. Pourquoi? Parce que l'arachide les rend malades. S'ils en mangent, leur corps se couvre de boutons et ils ont des démangeaisons. Ou pire, leur visage et leur cou deviennent gonflés comme un ballon. Certains enfants font des crises d'asthme. Ces symptômes peuvent aussi être accompagnés de crampes au ventre ou de diarrhée. D'autres vont même jusqu'à s'évanouir. On dit qu'ils souffrent d'une allergie alimentaire.

Tous ces désagréments sont dus aux cellules sanguines qui réagissent à l'arachide : elles sécrètent des substances, les anticorps, qui ont normalement pour tâche de protéger le corps. Pourquoi les cellules ont-elles une telle réaction quand certaines personnes mangent des arachides? C'est encore un mystère.

L'arachide n'est pas le seul aliment qui cause des allergies. Il y en a une multitude d'autres. Les aliments allergènes les plus fréquents sont le lait de vache, les œufs, le poisson, les fruits de mer et les noix.

Ce sont surtout les enfants qui souffrent d'allergies alimentaires. Certains en guérissent totalement. D'autres voient leur condition s'améliorer avec l'âge.

Du malaise passager à la réaction grave

L'intensité des allergies alimentaires varie beaucoup. En fait, on distingue deux sortes d'allergies. Il y a les allergies légères, que l'on appelle intolérances alimentaires. Celles-ci se manifestent par des malaises passagers. De plus, ces malaises mettent un certain temps à apparaître une fois que l'on a consommé l'aliment.

Les allergies plus graves sont appelées allergies véritables. Dans ces cas, les symptômes apparaissent tout de suite après l'ingestion de l'aliment. S'il n'y a pas d'intervention médicale rapide, la personne allergique peut même mourir.

Quoi faire ?

Pour prévenir une allergie alimentaire, il faut d'abord connaître les aliments auxquels on est allergique. Pour cela, des médecins spécialistes, que l'on appelle des allergologues, administrent des tests d'allergie.

Une fois qu'on a déterminé les aliments qui causent l'allergie, on s'abstient d'en manger. Mais ce n'est pas toujours évident, particulièrement pour les aliments préparés ou les mets consommés au restaurant. Avant de manger, il faut donc consulter la liste des ingrédients ou encore demander la composition exacte des plats qui sont servis.

Il peut arriver que l'on mange par erreur un aliment auquel on est allergique. Dès qu'on s'en rend compte, il faut prendre un médicament appelé antihistaminique et consulter un médecin. Le port d'un bracelet indiquant le type d'allergie dont on souffre est aussi très utile. Dans le cas d'allergie grave, il est important d'avoir avec soi une trousse d'urgence.

L'asthme

Quand mon amie Justine respire, on entend parfois un petit sifflement. L'autre jour, elle m'a dit que c'est parce qu'elle faisait de l'asthme. Je ne savais pas ce que c'était. Justine m'a expliqué.

Une maladie des bronches

L'asthme est une maladie des bronches. C'est par les bronches que l'air pénètre dans nos poumons. Supposons que je sois dans une maison en feu. Je ne peux pas faire autrement que de respirer la fumée qui se dégage. Mes bronches se resserrent alors pour empêcher la fumée de pénétrer dans les poumons. Puis, je me mets à respirer difficilement et à tousser.

Quand Justine fait une crise d'asthme, ses bronches réagissent comme s'il y avait de la fumée qui cherchait à pénétrer dans ses poumons. Autrement dit, ses bronches sont en position de défense, c'est-à-dire qu'elles sont resserrées. C'est ce qui rend sa respiration difficile et la fait tousser.

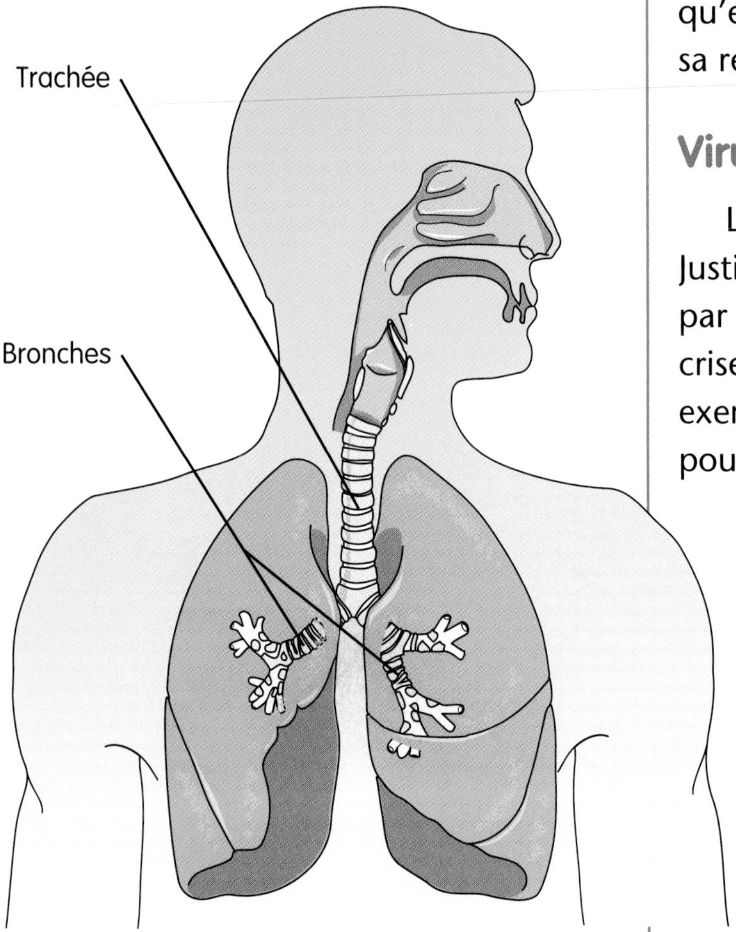

L'air que l'on respire passe par la trachée qui se divise en bronches. Quand une personne souffre d'asthme, ses bronches se resserrent.

Virus ou allergie ?

Le médecin a dit aux parents de Justine que l'asthme pouvait être causé par un virus. Plusieurs enfants font des crises d'asthme à la suite d'un rhume, par exemple. Il leur a expliqué que l'asthme pouvait aussi être déclenché par des

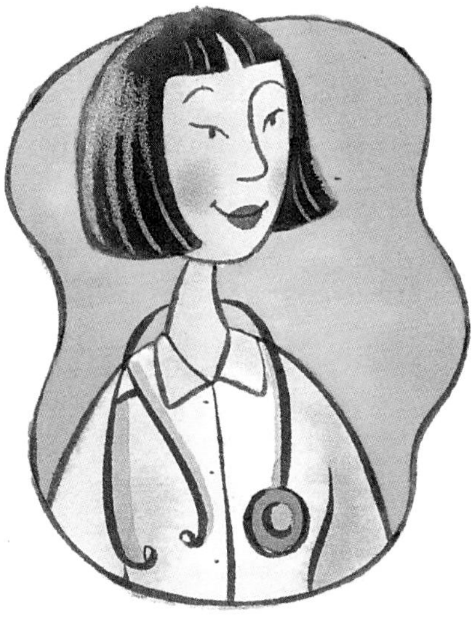

allergies à certains éléments comme le pollen, la poussière, les poils d'animaux, la fumée de cigarette, les moisissures, etc.

Ceux qui souffrent d'asthme toussent beaucoup. Ils toussent même la nuit. Leur respiration est sifflante. Ils peuvent aussi avoir des serrements de poitrine et être essoufflés quand ils font de l'exercice.

Les chances de guérison

En passant des tests d'allergie, Justine a su que la fumée de cigarette et les poils d'animaux provoquaient ses crises d'asthme. Comme elle a donné son chat à sa cousine et que ses parents ont cessé de fumer, ses crises ont diminué.

Justine dit qu'avec l'âge, elle a des chances de guérir. Il semble que deux enfants asthmatiques sur trois guérissent vers l'adolescence. Entre-temps, elle utilise sa « pompe » quand elle tousse trop ou qu'elle respire difficilement. C'est un médicament en aérosol qui dilate ses bronches.

L'autisme

Il peut allumer et éteindre la lumière sans arrêt, passer des nuits sans dormir, faire tourner un objet dans ses mains pendant des heures et des heures… De quoi cet enfant souffre-t-il ? Il souffre peut-être d'autisme !

L'autisme touche environ un enfant sur mille, et il y a quatre fois plus de garçons que de filles qui sont autistes.

Mais qu'est-ce qui cause l'autisme ? On ne peut pas encore répondre à cette question avec certitude. Les recherches se poursuivent…

Dans une bulle

L'autiste n'arrive pas à décoder les messages qu'il reçoit des autres. Par exemple, il entend sa mère lui parler, mais il ne comprend pas ce qu'elle lui dit.

De la même façon, il ne comprend pas toujours ce qu'il voit. C'est comme s'il portait des lunettes spéciales qui déforment les images.

Même s'il regarde notre visage et écoute notre voix, l'enfant autiste a du mal à savoir si l'on est en colère ou si l'on est heureux. Encore ici, c'est un problème de décodage. En fait, c'est un peu comme s'il était un extraterrestre qui arrive sur Terre. Il ne comprend pas le langage des humains ni leur façon de fonctionner. D'ailleurs, plusieurs autistes n'apprennent jamais à parler. De plus, souvent, ils n'ont pas conscience du danger.

Tout cela lui est difficile à vivre. On comprend qu'il reste dans sa bulle : le monde qui l'entoure lui est inconnu. C'est aussi ce qui fait que certains autistes n'aiment pas qu'on change les choses autour d'eux. Si on déplace les meubles ou qu'on perturbe leur routine, ils deviennent inquiets et nerveux. Les habitudes et le train-train les sécurisent.

Des cours spéciaux

On peut aider les autistes à s'intégrer un peu plus à leur environnement et à être plus autonomes. Il existe des programmes faits spécialement pour eux. La plupart des enfants apprennent spontanément à parler et à agir avec les autres. L'enfant autiste, lui, a besoin qu'on lui montre tout cela.

Il a besoin d'aide, d'encouragement et, surtout, de beaucoup d'amour.

Certains autistes peuvent accomplir des tâches complexes : en mathématique, en informatique ou en dessin, par exemple. D'autres ont une mémoire extraordinaire. Malheureusement, plusieurs autistes ont de la difficulté à s'adapter et à se débrouiller dans la vie. La plupart d'entre eux sont incapables de fonctionner seuls. Ils ne seront jamais autonomes.

Grippe ou rhume?

Ton nez coule, tes yeux larmoient, tu tousses... Qu'est-ce que tu peux bien avoir? La grippe, dis-tu? Erreur! C'est un simple rhume. Si tu avais la grippe, tu serais bien plus malade. Tu ferais de la fièvre, tu aurais des douleurs musculaires et probablement mal à la tête. Tu pourrais aussi ressentir une grande fatigue.

On confond souvent la grippe et le rhume. Pourtant, ce sont deux maladies distinctes. Les symptômes du rhume disparaissent en quelques jours; dans le cas de la grippe, il faut parfois un mois pour retrouver la forme.

Ces deux maladies ont cependant une chose en commun: elles sont dues à des virus. Le virus influenza est à l'origine de la grippe. Quant au rhume, plus de 200 virus peuvent le causer.

Maladies contagieuses

La grippe et le rhume sont des maladies contagieuses. Supposons que tu as le rhume et que tu es en classe aujourd'hui. Quand tu éternues ou que tu tousses, des gouttelettes de salive s'échappent dans l'air. Ces gouttelettes contiennent des virus.

Elles se déposent un peu partout dans la classe : sur les poignées de portes, les livres, les pupitres, les chaises, etc. En replaçant une chaise ou en ouvrant la porte, les autres élèves vont toucher à des virus. Plus tard, quand ils porteront la main à leur bouche, à leurs yeux ou à leur nez, les virus en profiteront pour y faire leur nid. Quelques jours plus tard, ces élèves auront le rhume à leur tour. C'est ainsi que les mains transmettent le rhume. Elles transportent aussi le virus de la grippe.

Se laver souvent les mains

Pour prévenir le rhume et la grippe, savonne-toi souvent les mains à l'eau chaude. Évite aussi de te toucher le visage.

Si tu as le rhume ou la grippe, jette rapidement à la poubelle les mouchoirs de papier que tu as utilisés, car ils sont pleins de virus.

Pour se soigner

On ne peut pas faire grand-chose contre le rhume et la grippe. Il y a bien sûr des médicaments qui peuvent soulager les symptômes, mais ils ne te guériront pas. Si tu veux te débarrasser rapidement de ton rhume ou de ta grippe, repose-toi le plus possible et bois beaucoup d'eau. C'est le meilleur remède !

La varicelle

Quelle maladie donne parfois aux enfants des airs de clowns ? La varicelle, bien sûr ! Elle les déguise en parsemant leur corps de petits boutons roses. Cette drôle de maladie, que l'on appelle aussi « picote », est causée par un virus. Et, comme tous les virus, celui-ci a un nom : c'est le varicelle-zona.

La varicelle est très contagieuse. On l'attrape quand on touche à une personne qui est infectée ou lorsqu'on se trouve dans son entourage.

Ça pique…

Au début de la maladie, on se sent maussade et on fait un peu de fièvre. Durant cette période, on est déjà contagieux, même si on ne sait pas qu'on a la varicelle. Cette période d'incubation dure environ deux semaines. Puis, les boutons font leur apparition, après une fièvre plus ou moins forte. Il s'agit de petits boutons roses très espacés les uns des autres. Ils peuvent apparaître n'importe où sur le corps : souvent sur le thorax, mais aussi ailleurs, comme dans la bouche, sur la tête, etc.

Heureusement, la varicelle ne s'attrape qu'une fois. Il suffit d'une fois pour que le corps apprenne à combattre le virus. Avoir la varicelle, c'est comme recevoir un vaccin contre la maladie.

En général, on a la varicelle avant l'âge de dix ans.

Les boutons se transforment en petites cloques qui provoquent de fortes démangeaisons. En séchant, ces cloques laissent une croûte qui disparaît en une dizaine de jours.

Quoi faire?

Il n'existe pas de traitement contre la varicelle. Comme elle est causée par un virus, les antibiotiques ne sont d'aucun secours. Il faut prendre son mal en patience, se reposer et boire beaucoup de liquide.

Pour calmer les démangeaisons, on peut prendre des bains d'eau tiède pendant 30 minutes environ. On peut aussi appliquer une lotion calmante sur les cloques. Il ne faut surtout pas se gratter! Les boutons pourraient s'infecter. Se gratter risquerait aussi de laisser des cicatrices sur la peau, et cela de façon permanente!

Quand on a la varicelle, on ne doit pas aller à l'école. On pourrait transmettre la maladie aux autres. Et cela, même si on se sent bien. En fait, on cesse d'être contagieux seulement lorsque toutes les cloques ont séché, pas avant!

L'otite

Qui n'a jamais eu d'otite? C'est une maladie très répandue chez les enfants, surtout avant l'âge de six ans. L'otite est une infection de l'oreille. Il y a d'ailleurs plusieurs types d'otites. Elles sont classées selon l'endroit qui est infecté. Ainsi, on parle d'otite externe lorsque l'infection se trouve dans la partie extérieure de l'oreille. C'est une otite moyenne quand elle touche la région du tympan, qui est situé dans l'oreille moyenne. L'otite est interne quand l'infection se loge... dans l'oreille interne.

L'otite moyenne est la plus courante. C'est donc à elle qu'on s'intéressera dans ce texte.

Pourquoi fait-on des otites?

L'otite moyenne est souvent reliée à une infection de la gorge ou à un rhume. On sait que la gorge communique avec l'oreille moyenne par un canal qu'on appelle la trompe d'Eustache. Ce petit canal permet aux sécrétions de s'écouler vers le nez.

Malheureusement, chez les enfants, la trompe d'Eustache ne fonctionne pas toujours très bien. Il arrive qu'elle soit bloquée ou enflée. Les sécrétions dues au rhume s'accumulent alors dans l'oreille moyenne et entraînent une infection.

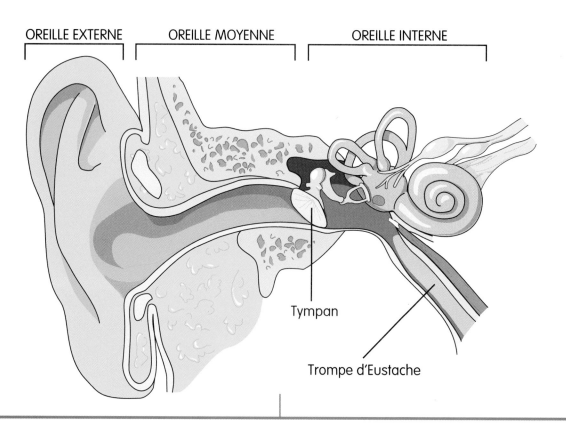

OREILLE EXTERNE   OREILLE MOYENNE   OREILLE INTERNE

Tympan

Trompe d'Eustache

Cette accumulation de liquide crée une pression sur le tympan. C'est ce qui fait qu'on a mal. On a aussi plus de difficulté à entendre. D'autres symptômes peuvent s'ajouter : fièvre, toux et troubles digestifs.

Traitement et prévention

Quand on fait une otite, il faut donc aller voir un médecin. Celui-ci examine notre oreille à l'aide d'un otoscope. Cet instrument lui permet de voir si le tympan est rouge et enflé. Si c'est le cas, il prescrit des antibiotiques. Habituellement, les symptômes diminuent après deux ou trois jours. Mais l'accumulation de liquide peut durer jusqu'à six semaines.

Si l'otite ne se guérit pas avec les médicaments, un abcès peut se former. Il faut alors que le médecin y fasse une petite incision pour que le pus s'écoule.

Pour les enfants qui souffrent d'otites à répétition, le médecin peut installer un petit drain dans l'oreille moyenne. C'est un petit tube qui permet au liquide de s'écouler.

Heureusement, avec le temps, la trompe d'Eustache fonctionne mieux. Les otites sont donc beaucoup moins fréquentes.

L'épilepsie

Éric est mon meilleur ami. L'autre jour, on jouait au ballon. Tout à coup, son corps s'est mis à trembler et à faire des mouvements étranges. Il est tombé. J'ai couru chercher sa mère. Quand je suis revenu avec elle, Éric était encore étendu par terre, mais son corps avait cessé de s'agiter. Il avait l'air perdu.

Sa mère l'a alors amené à l'intérieur en lui parlant très doucement. Puis, elle m'a dit qu'Éric venait de faire une crise d'épilepsie et qu'il devait se reposer.

En retournant chez moi, j'ai pensé que ce serait bien d'en savoir plus sur cette maladie. À la maison, on a des livres qui parlent des maladies. Avec mon père, je les ai consultés. Voici ce que j'ai compris.

Comme un orage électrique

L'épilepsie, c'est comme un orage électrique dans le cerveau. Les cellules du cerveau se mettent à lancer de fortes décharges d'électricité dans les muscles. C'est ce qui fait bouger le corps d'une façon incontrôlable.

L'épilepsie se manifeste sous forme de crises. Celles-ci durent de quelques secondes à quelques minutes. Elles peuvent être fréquentes ou rares. En général, une fois la crise passée, la personne s'en souvient très peu ou pas du tout.

Les chercheurs n'ont pas encore découvert les causes exactes de l'épilepsie. Il existe toutefois des médicaments très efficaces pour prévenir les crises et en diminuer l'intensité.

Chez les enfants, la maladie se déclare au cours des dix premières années. Avec l'âge, les crises deviennent moins intenses et moins fréquentes. Dans un cas sur deux, elles finissent par disparaître complètement.

Quoi faire en cas de crise

On ne peut pas vraiment aider la personne qui a une crise. Il ne faut surtout pas essayer de la retenir ni de lui ouvrir la bouche. On doit rester calme. Puis, on prend soin d'éloigner les objets avec lesquels elle pourrait se blesser en tombant. On protège sa tête en mettant un coussin ou un vêtement dessous.

Il est toujours plus prudent d'avertir un adulte. La plupart des crises d'épilepsie ne demandent pas d'intervention médicale.

Comme chien et chat !

1. Marie la chipie 150

2. Comment se débarrasser de Puce 153

3. Sophie devient sage 156

4. Tricot, piano et jeu vidéo 160

5. Ils m'embêtent tout le temps ! 163

6. Le démon du mardi 165

7. Lili et moi. 168

Alexis a beaucoup de difficulté à s'entendre avec sa petite sœur Marie-Cléo. En fait, il trouve que c'est une véritable petite peste…

Marie la chipie

Je me demande ce que mes parents lui trouvent d'intéressant. Ma sœur est petite, laide et braillarde. En plus, elle jacasse sans arrêt, elle court comme un singe et elle ne connaît pas la différence entre une rondelle de hockey et un bâton de baseball.

Et surtout : elle est détestable. Terriblement, monstrueusement, épouvantablement DÉ-TES-TA-BLE.

Un exemple ? Samedi dernier, Marie-Cléo voulait emprunter ma superballe mauve. Celle qui brille dans le noir et bondit plus haut que le balcon de monsieur Gibelotte, notre voisin. J'ai refusé, parce que ma sœur est un peu tête de linotte. Elle perd toujours tout !

Le jour même, Marie-Cléo la chipie s'est vengée.

Pendant que je me faisais extraire une dent au cabinet du docteur Larraché, ma charmante sœur a planté une pancarte devant chez nous.

Et sais-tu ce que cette peste de Marie-Cléo et sa détestable complice Aimée-Soleil-la-nigaude avaient demandé à un plus grand d'écrire sur cette affiche ?

FRÈRE À VENDRE !

Tous mes amis de la rue ont bien ri. J'avais envie de couper ma sœur en petits morceaux, de l'enfiler sur des brochettes et de la livrer prête à cuire à des cannibales affamés. Mais je n'ai même pas pu l'engueuler comme il faut parce que le docteur Larraché m'avait mis une tonne de petits tampons dégueulasses dans la bouche.

Pendant que je revenais de l'école, aujourd'hui, Marie la chipie m'a encore fait enrager. Je marchais avec Katarina…

Katarina… c'est un peu… beaucoup… ma blonde…

[…]

On venait de dépasser le dépanneur quand une météorite hurlante a foncé sur nous.

BOOOOUUUUU !!!

Marie-Cléo est venue se planter entre Katarina et moi. Elle avait la bouche fendue jusqu'aux oreilles. Je savais exactement ce qu'elle voulait.

[…]

Katarina est beaucoup trop gentille. Comme d'habitude, elle a invité Marie-Cléo à venir prendre une collation avec nous.

Fesses de maringouin ! Ça m'enrage !

J'ai décidé de prendre l'affaire en main. J'en avais assez de traîner ma sœur partout. Je voulais être seul avec ma blonde. C'est normal, non ?

— Marie, va peigner les cheveux de tes poupées ! [...]

Ma sœur est devenue mauve de colère. Ses yeux lançaient des éclairs. Je m'attendais à ce que la fumée lui sorte par le nez... ou qu'elle se mette à pleurer.

Mais non ! Marie-Cléo s'est tournée vers moi et elle a crié, assez fort pour que toute la ville entende :

— ALEXIS LE ZIZI !

Puis, elle a éclaté de rire et elle s'est enfuie.

J'aurais voulu disparaître derrière un brin d'herbe. J'étais tellement gêné ! Je n'osais même pas regarder Katarina.

Alexis le zi... C'est tellement nono de dire... **ÇA**. Ma sœur est un vrai bébé-la-la. Crier... **ÇA**... à tue-tête. Et devant une fille en plus. Je pense qu'il n'y a rien au monde de plus gênant !

Katarina me regardait. Elle semblait embarrassée. Mais... mais en même temps elle avait envie de rire. Je le voyais. Ça paraissait.

Moi, je me sentais prêt à exploser. De honte, de colère, de peine. Je ne pouvais pas rester planté là. Alors, je me suis sauvé en courant.

Extraits de Dominique DEMERS, *Marie la chipie*, Montréal, Les Éditions Québec Amérique, collection Gilbo jeunesse, 1997.

Léo veut se débarrasser de sa petite sœur, Puce. Pourquoi ? Pour plusieurs raisons, mais, entre autres, parce qu'il a l'impression de ne plus compter pour Florence et Victor, leurs parents.

Comment se débarrasser de Puce

Mon professeur nous a déjà dit :

— Les enfants, quand vous avez un problème qui vous turlupine, cherchez un moyen de le régler et passez à l'action !

Mon problème à moi, c'est ma sœur.

La solution que j'ai trouvée, c'est de la faire disparaître.

Je dois m'en débarrasser coûte que coûte.

C'est facile à dire mais pas si facile à faire.

Qu'est-ce qu'on fait quand on veut se débarrasser de sa sœur ?

Je n'ai jamais vu un film ni même lu un livre sur le sujet. Personne ne m'a jamais rien dit là-dessus. Nous autres, les enfants, on doit tout inventer, tout imaginer.

Et moi, je n'ai pas l'habitude de pondre des idées géniales. Autant me mettre au boulot, dès à présent, pour en trouver une potable. Je dois réfléchir.

Lorsque j'étudie pour un examen, je fixe le mur, les bras croisés et je répète mes leçons à haute voix dans ma tête : ma matière grise pose les questions et moi, je réponds. Je vais procéder de la même façon.

Je fixe alors le mur et je croise les bras.

Parle, matière grise ! Pose-moi tes questions ! Je veux trouver une idée !

Matière grise : Léo, pourquoi veux-tu te débarrasser de ta sœur ?

Léo : Parce qu'elle m'énerve ! Je l'ai toujours sur les talons. C'est une vraie sangsue. Je ne peux plus jouer seul comme avant. Je ne peux plus rencontrer mes amis comme avant. Je n'ai plus ma place à la maison comme avant. Mes parents disent que je dois tout partager avec elle. Ils disent que je suis responsable d'elle. Ils ne me considèrent plus comme avant. C'est elle qu'ils aiment à présent !

Matière grise : Et toi, Léo, aimes-tu ta sœur ?

Léo : Parfois !

Matière grise : Quand ?

Léo : Quand elle rit, quand elle fait des mimiques de singe et que je rigole. Quand elle joue aussi avec mes anciens jeux, je trouve ça très drôle. Mais c'est tout. Et cela ne suffit pas à me la faire endurer plus longtemps. Elle m'a enlevé tout ce que j'avais.

Matière grise : Est-ce que ta sœur t'a volé quelque chose ?

Léo : Oui ! Elle m'a volé Florence et Victor.

Matière grise : Compris ! Alors, peux-tu me dire comment tu vas te débarrasser d'elle ?

Léo : Je ne sais pas, moi. Je pourrais peut-être lui jeter un mauvais sort, comme dans les films d'horreur ; la précipiter du haut d'une falaise, comme dans les films policiers ; ou organiser une rencontre du troisième type pour que les extraterrestres l'emmènent avec eux sur leur vaisseau interplanétaire, pour toujours !

Matière grise : C'est du cinéma, tout ça ! Ça n'arrive jamais dans la vraie vie. Franchement, tu pourrais être plus inventif !

Léo : On voit bien que ce n'est pas toi qui inventes tout !

Matière grise : Concentre-toi !

Léo : Je me concentre.

Matière grise : Alors ?

Léo : J'ai peut-être une idée mais j'ai besoin d'aide. Mes amis…

Extrait de Johanne GAUDET, *Comment se débarrasser de Puce*, Montréal, Les Éditions du Boréal, 1992.

Il y a de l'orage dans l'air ce matin. Sophie s'est disputée avec ses deux jeunes frères. Elle a d'abord refusé de prêter son blouson « Castor » à son frère Laurent. Ensuite, elle a protesté quand Julien a annoncé qu'il voulait suivre le cours de théâtre. Elle espère que les choses iront mieux à l'école…

Sophie devient sage

— La pièce raconte l'histoire de Masto, un éléphant au grand cœur, explique le professeur de théâtre.

Un éléphant! Ce n'est pas le genre de rôle que j'espérais. Mais c'est le rôle principal!

— Un vieil éléphant qui connaît les difficultés de la vie, poursuit Mme Pinson…

Ce sera facile de me mettre dans la peau du personnage. Après tout ce que j'ai vécu aujourd'hui.

— … Un sage qui écoute et conseille les jeunes animaux de la jungle.

Comme moi en tant qu'aînée!

— Chacun de vous incarnera un animal qui vient consulter le vieil éléphant. Il vous faudra inventer une histoire…

[…]

À la fin du cours, chacun présente l'animal de son choix. Évidemment, Lapierre sera le lion. Et Clémentine, la souris. Il la bouffera, c'est certain.

Personne n'a pensé au rôle principal !

— Moi, je serai l'éléphant, lance quelqu'un.

Qui ça !? TANGUAY ! Il est incapable de dire deux mots. Il a toujours la bouche pleine de friandises. Le seul animal qu'il peut jouer, c'est un écureuil. Je n'ai rien à craindre de lui :

— Moi aussi, je veux le rôle prin… euh, de l'éléphant.

— On verra au prochain cours, dit Mme Pinson. Peut-être le rôle ira-t-il au plus méritant !

Le plus méritant ? Qu'est-ce que cela signifie ? Ce n'est pas clair…

Dans l'autobus, on engage la discussion.

— C'est très clair ! affirme Clémentine. Le plus méritant est celui qui a la meilleure conduite.

Elle me fatigue, la p'tite parfaite !

— Ce n'est pas une leçon de conduite, c'est un cours de théâtre. L'important est d'être une bonne comédienne.

— Un bon comédien, riposte Tanguay. Masto est un éléphant, pas une éléphante.

— Pourquoi ? Il n'y a pas de raison ! Tu n'es qu'un sexisss…

— Sexis-TE, me reprend Clémentine.

— Toi, la souris, tu ferais mieux de rester dans ton trou !

— Silence ! rugit le lion Lapierre. Je suis le roi des animaux. (C'est à moi de régler la question.)

Tanguay et moi, on se fout complètement du lion et on reprend notre dispute. J'essaie de le raisonner :

— J'ai beaucoup plus de ressemblances avec Masto que toi !

— Tu veux rire ! Masto a un grand cœur. Et moi, je suis généreux. Je distribue des friandises à tout le monde.

— Tu les prends dans le magasin de ton père et tu les vends !

— Pas cher ! Et si j'avais un blouson « Castor », je le prêterais à ton frère.

La discussion se transforme en bagarre. Cette fois, c'est Chaufferette, la femme chauffeur, qui rugit :

— À vos places ! Ou je vous montre qui est la reine des animaux !

Le silence dure quelques secondes. Il est brisé par la voix de Laurent :

— Je crois que Sophie a tout ce qu'il faut pour jouer le rôle de l'éléphant.

Je n'en reviens pas !

— Elle est grosse.

Je n'en reviens pas, je… je suis…

— Elle n'est pas grosse, objecte Julien. Elle est grassouillette.

Je… Snif… Mes frères sont des monstres. Snif…

À travers mes larmes, j'aperçois notre maison. On sort de l'autobus dans un silence écrasant. Dès qu'on est descendus, les rires fusent. Ils tombent sur mes épaules et m'écrasent encore plus.

Je me sens lourde comme un vieil éléphant. Je me dis que le monde est… une jungle. Un ring de boxe.

Et je me pose une question terrible : y a-t-il quelqu'un qui m'aime sur cette terre ?

Extraits de Louise LEBLANC, *Sophie devient sage*, Montréal, les Éditions la courte échelle, 1997.

Raphaël vient de changer d'école. Pour se faire des amis, il s'inscrit à un championnat de jeu vidéo. Mais la compétition sera vive, car Damien participe aussi au concours.

Tricot, piano et jeu vidéo

Une vingtaine de minutes plus tard, les deux garçons sont installés devant la télévision et commencent une partie.

Crash ! Un avion s'écrase. Horreur ! Il en sort un vampire ! Vite, une croix pour le faire fuir. Voilà, c'est fait. Ouf !

Mais encore un bruit qui vient du ciel ! Un autre avion ? Non ! Un dragon ! Allons chercher le chevalier et son armure magique ! Le dragon crache son feu et...

Et Raphaël gagne.

Damien fronce les sourcils, plus étonné qu'en colère. Raphaël, lui, sourit de toutes ses dents. Il ne se croyait pas aussi bon !

— On fait une autre partie, dit Damien sèchement.

Raphaël, heureux de voir que Damien reste avec lui, ne remarque pas le changement d'humeur de son nouvel ami. Il se lance donc avec enthousiasme dans la seconde partie.

Et il amasse point après point.

— On arrête ! s'exclame soudain Damien, qui est en train de perdre encore une fois. J'ai soif.

Un peu surpris, Raphaël cesse de jouer et va chercher à boire. Il est en haut, dans la cuisine, lorsqu'il entend un grand cri.

— Qu'est-ce qu'il y a ? fait-il en redescendant en courant.

Damien a l'air bizarre, mal à l'aise et énervé en même temps.

— Ton jeu vidéo ne marche plus ! s'écrie-t-il au bout de quelques secondes.

Raphaël ouvre la bouche. Mais aucun mot n'en sort.

— Tu… tu te moques de moi, hein ? dit-il finalement.

Mais il voit bien que Damien ne se moque pas. Lorsqu'on appuie sur les manettes du jeu vidéo, il ne se passe plus rien.

— Tu as enlevé la cassette de jeu ? lui demande-t-il avec espoir.

— Non, non ! bredouille Damien. D'ailleurs, ton lecteur est coincé, je n'ai pas réussi à faire sortir la cassette pour voir ce qui ne va pas. Euh… désolé… je dois partir !

Son appareil brisé entre les mains, Raphaël regarde Damien monter l'escalier. Il entend bientôt la porte de la cuisine claquer.

Et il se retrouve tout seul. Encore une fois.

[…]

— Bonjour, tout le monde !

Raphaël lève la tête. C'est Charlie ! De son vrai nom, Charlotte. Sa tante… qui est technicienne en électronique ! Pourquoi n'avait-il pas pensé à elle plus tôt, pour réparer son jeu ?

— Yahou ! hurle-t-il.

Il se jette dans les bras de sa tante qui éclate de rire.

— Quel accueil, Raphaël ! Je parie que tu as besoin de moi !

Charlie exagère. Raphaël accueille toujours très bien sa tante. Mais aujourd'hui, c'est vrai qu'il a besoin d'elle. Il lui explique son problème, et un tournevis apparaît comme par magie dans la main de Charlie.

— Montre-moi ton malade !

En un rien de temps, le lecteur de cassettes est ouvert. Charlie fronce le nez en poussant un ouache ! sonore.

— Mais qu'est-ce que ça fait là ? s'exclame-t-elle en regardant ses doigts tout collants.

— Qu'est-ce qu'il y a ? demande Raphaël. C'est grave ?

— Non, mais c'est bizarre ! Peux-tu m'expliquer pourquoi il y a une pièce de monnaie qui bloque le mécanisme d'ouverture de ton lecteur de cassettes ? Et pourquoi il y a plein de gomme à mâcher là-dedans ?

Raphaël ouvre tout grands les yeux. De la gomme à mâcher ? De la gomme à mâcher ! Oh oui, il peut expliquer ce que ça fait là ! Il y a quelqu'un, dans sa classe, qui mâche tout le temps de la gomme. Et c'est Damien.

Quand il est venu chez Raphaël, il mâchait trois ou quatre morceaux de gomme. Comme d'habitude. Or Raphaël, en y repensant, est sûr que Damien est reparti la bouche vide !

Extraits de Sonia SARFATI, *Tricot, piano et jeu vidéo*, Montréal, les Éditions la courte échelle, 1992.

Pierrot a déménagé. Il habite maintenant en ville. C'est sa première journée dans une nouvelle école et il rencontre un petit groupe pas sympathique du tout...

Ils m'embêtent tout le temps !

Pierrot tourne le coin de la rue et tombe nez à nez avec un garçon.

« Regarde un peu mieux devant toi », dit le garçon méchamment.

Ses yeux sont grands et sombres. Ses cheveux se dressent droits sur sa tête comme des piquants. Pierrot ne dit rien. Il serre Saxo tout contre lui.

« Ah ! une peluche », dit le garçon en se moquant.

Il arrache Saxo des mains de Pierrot, le jette par terre et le piétine. Sans dire un seul mot, le petit groupe s'éloigne. Pierrot attend qu'il soit bien à vingt mètres. Ensuite il se risque à ramasser Saxo. Le tigre est tout abîmé. Son petit ventre est déchiré et sa queue ne tient plus qu'à un fil. Pierrot sent les larmes lui piquer les yeux.

C'est son premier jour de classe. Pierrot sent déjà qu'il ne va pas aimer ça. Ici, rien n'est pareil à son ancienne école : les livres sont différents et les calculs aussi.

« Peux-tu répondre à ma question, Pierrot ? » demande l'institutrice.

Mais Pierrot ne se rappelle plus rien. Une vingtaine de doigts se lèvent. Pierrot a la désagréable impression d'être l'élève le plus bête de la classe.

« 18 plus 4, dit l'institutrice. Combien cela fait-il, Pierrot ? »

« Je n'ai pas encore appris les calculs au-delà de dix », pense Pierrot. « 40 ! » risque-t-il timidement.

Le garçon qui se trouve juste devant lui pouffe de rire. Cela se voit à ses épaules. Il se retourne. Maintenant Pierrot le reconnaît.

À la récréation, un groupe se rue vers Pierrot, le « hérisson » à sa tête.

« Difficiles les calculs chez nous, hein ! » dit le « hérisson ».

« Oui. » Pierrot est content que le garçon lui dise quelque chose de gentil.

« Nous, on a appris ça il y a bien longtemps déjà. »

Pierrot reste silencieux. Il fixe le sol. Soudain, le hérisson lui donne un solide coup de poing.

« Andouille ! » crie-t-il. Puis il s'en va.

À présent, Pierrot est devenu leur cible. Il fait de son mieux pour ne pas se faire remarquer, mais les autres trouvent toujours quelque chose. Ça se passe surtout pendant la récréation et après les heures de classe. Alors tout le monde vient l'ennuyer. Chaque jour un peu plus.

« Ils m'en veulent tous. Si au moins j'osais me fâcher », pense tristement Pierrot.

Sa grande terreur, c'est bien sûr Éric, le hérisson, comme l'appelle Pierrot. Devant lui, Pierrot se sent tout petit. Éric l'attaque quand on ne le voit pas, l'institutrice ne remarque rien. Et maman n'arrête pas de dire : « Va donc jouer avec tes copains. »

« Je n'ai pas de copain », pense alors Pierrot. Mais il ne le dit pas. Car personne n'y peut rien.

Extrait de Rien BROERE, *Ils m'embêtent tout le temps !*, Montréal, Éditions École active, 1997. © Édition originale : Éditions Van In, 1995.

Julien est inscrit à des cours de natation. Il espère y voir Gabrielle, qu'il aime en secret. Mais c'est quelqu'un d'autre qu'il rencontre.

Le démon du mardi

J'ai beau la voir tous les jours à l'école, ça ne compte pas. Je suis un parmi six cents. Et puis, à l'école, il y a surtout Lucie Ferland. Pas à la piscine. J'ai bien regardé à l'inscription : on sera huit. Pas de Lucifer. Youpi !

À quoi ont-ils pensé ? Ou à quoi n'ont-ils pas pensé, les parents de LUCIE FERland ? En moins de deux jours, toute l'école appelait leur fille Lucifer. Le nom du diable ! En plus, elle porte deux petites couettes sur la tête, pareilles à des cornes. Lucie doit être diabolique pour vrai, ça la fait rire ! Il faut dire qu'elle rit tout le temps de tout le monde. Alors, pourquoi pas d'elle-même ?

Je n'ai jamais approché Gabrielle pour une très, très bonne raison : Lucifer n'est jamais loin derrière. Si ce démon me voit tourner autour d'une fille, elle ne me manquera pas. Je le sais, car j'ai dû l'endurer dans ma classe, l'année dernière.

Pendant dix mois, elle a gardé l'œil braqué sur moi, comme une caméra. On aurait juré qu'elle réalisait un reportage.

En plus, elle faisait des commentaires à voix haute. Grâce à elle, personne n'a manqué le merveilleux spectacle que je donnais.

« Avez-vous vu ? Julien a mis son chandail à l'envers ! … Ah, non ? On dirait, pourtant. »

« Regardez Julien ! Il mange sa crotte de nez ! »

« Pouach ! brosse-toi les dents, Julien ! On sent ton déjeuner jusqu'au fond du gymnase ! »

[…]

Je suis tellement en retard que je trouve le vestiaire vide. Tout le monde s'est déjà changé. Pas de temps à perdre ! J'arrache mes vêtements, je saute dans mon maillot et je galope vers la piscine. Hein ? Je n'ai pas encore atterri sur le carrelage qu'une horrible voix me déchire les tympans :

— Julien Potvin ! Qu'est-ce que tu fais ici ? Ha ! ha ! ha ! Regardez ça ! Avec ses côtes toutes sorties, il a l'air d'un xylophone à deux pattes.

Le groupe au grand complet croule de rire. L'univers s'écroule sous mes pieds. Je parviens à peine à bredouiller :

— Que… Qu'est-ce que tu fais là, toi-même, Lucie… fer ? Je… je ne t'ai pas vue à l'inscription !

— Elle est bonne, celle-là ! Tu sauras que j'ai été la première à m'inscrire. Je me suis présentée avec une demi-heure d'avance.

Le moniteur me tend la main et se présente : « Tu peux m'appeler François. » Vu mon état de choc, ma main s'étale dans la sienne, molle comme du beurre. Je cherche même mon nom. C'est lui qui dit : « Julien, je suppose. »

— Bon ! à l'eau ! lance-t-il aussitôt après.

Plouf ! Plouf ! Plouf ! Il n'y a plus que moi sur le bord. Immergés jusqu'aux épaules, les autres me regardent. Qu'ils m'attendent, ces espèces de pingouins ! Julien Potvin ne pénètre dans le monde marin qu'avec le plus grand soin.

— D'après moi tu n'es pas à l'épreuve de l'eau, Julien. Tu fais bien de te méfier, m'encourage Lucifer.

Extraits de Danielle SIMARD, *Le démon du mardi*, Saint-Lambert, Soulières Éditeur, 2000.

C'est l'histoire d'une jeune fille dont les parents sont séparés.
Sa mère se fait un amoureux, qui a une fille, Lili.

Lili et moi

De toute façon, quand on est petit, ce sont les parents qui décident. Alors, je n'ai rien dit. J'ai accepté, c'est tout. J'ai accepté que Lili soit un peu ma sœur, mais il n'était pas question que je partage toutes mes affaires. Ça non ! Il ne faut pas exagérer.

Pour dire la vérité, Lili était loin d'être méchante. Elle était même plutôt gentille. Seulement moi, je n'avais pas envie qu'elle soit là. Alors, je n'ai pas arrêté de l'embêter. Une fois, je lui ai même fait très peur.

C'était le soir, nous venions d'éteindre la lumière. La chambre était plongée dans le noir le plus complet. J'ai décidé de lui raconter l'histoire du monstre aux yeux de feu !

— Il était une fois un monstre qui était si laid, qu'il faisait peur à tout le monde, même aux autres monstres. Personne ne voulait être son ami. Il était très triste, car tous le fuyaient. Il avait beau pleurer, cela ne changeait rien. Personne ne s'intéressait à lui. Et si quelqu'un venait à le regarder, c'était pour se moquer de lui. Alors il pleurait, pleurait sans pouvoir s'arrêter. Et il a pleuré comme ça pendant des semaines et des semaines…

— Pendant des semaines ?

— Chut, Lili, je n'ai pas fini ! Qu'est-ce que je disais déjà ? Ah oui… il a tellement pleuré qu'il n'a plus eu de larmes, plus une seule. Et ses yeux sont devenus tout rouges. Rouges et brûlants comme du feu.

— Comme du feu ?

— Oui !

— Le pauvre !

— Attends Lili, je continue… Après avoir beaucoup pleuré, il s'est dit : « Si les gens ne me voient pas, ils n'auront pas peur de moi. Je pourrai alors me faire des amis ! » Et c'est à partir de ce jour-là qu'il a décidé de ne vivre que la nuit. Alors, quand il fait noir, il entre dans les maisons pour se faire des amis.

Là, je sentais bien que Lili commençait à avoir peur. Elle me demanda, inquiète :

— Est-ce qu'il est méchant ?

— Tu sais, Lili, un monstre c'est un monstre, même s'il est gentil. Il n'est peut-être pas méchant, mais il fait très peur ! Et quand il entre dans une maison, s'il vient trop près de toi, il peut te brûler avec ses yeux.

— Me brûler avec ses yeux ?

— Oui ! Il ne le fait pas exprès, c'est à cause du feu qu'il a dans ses yeux, mais…

Je n'ai pas eu le temps de terminer ma phrase que Lili sautait dans mon lit. Elle était morte de peur.

— Je peux dormir avec toi ?

— Heu, oui… d'accord.

En fait, si j'ai accepté que Lili vienne dormir dans mon lit, c'est que je m'étais fait un petit peu peur à moi aussi.

[…]

Une semaine après l'histoire du monstre, Lili a demandé d'aller habiter chez sa mère. Elle n'aimait plus la maison. Elle ne voulait plus jouer avec moi, même quand je le lui demandais. Ma mère, son père et sa mère ont donc décidé qu'elle irait vivre chez sa mère pour quelque temps.

Au début, j'étais bien contente que Lili soit partie. Mais après quelques jours, je trouvais la maison triste. C'est vrai, ce n'était plus pareil. Et puis, je ne sais pas… j'avais envie d'être avec elle. Le soir, je n'arrivais pas à m'endormir tellement je pensais à Lili. J'avais vraiment envie qu'elle revienne !

Extraits de Claudie STANKÉ, *Lili et moi*, Montréal, Éditions Hurtubise HMH, collection PLUS, 1998.

Projet 3

Le grand livre de l'écriture

1. L'écriture chez les Sumériens :
   les pictogrammes 172

2. L'écriture chez les Égyptiens :
   les hiéroglyphes 174

3. L'écriture chez les Chinois :
   les idéogrammes 176

4. L'alphabet, toute une invention ! 178

5. La petite histoire des chiffres arabes 180

6. Enfin l'imprimerie ! 182

7. Vivement les ordinateurs ! 184

L'écriture chez les Sumériens : les pictogrammes

La première véritable écriture date de 6000 ans environ. Elle s'est développée chez les Sumériens, en Mésopotamie. Aujourd'hui, cette région correspond, à peu près, à la partie sud de l'Iraq.

Les Sumériens étaient des agriculteurs et des éleveurs. Ils étaient riches. Ils faisaient du commerce avec les peuples voisins. Le commerce était devenu tellement important que les éleveurs n'arrivaient plus à se rappeler combien de vaches ils avaient vendues.

Sur ces petites tablettes, on voit le dessin d'un animal surmonté d'un cercle (un chiffre à cette époque).

Ils se sont donc inventé un système pour tenir leurs comptes. Ce système était composé de petits dessins représentant un objet, un animal ou une personne. On appelle ces dessins des pictogrammes.

Des pictogrammes qui ont évolué

Au début, chaque pictogramme avait un seul sens. Une tête de bœuf représentait un bœuf. Il fallait donc

Chaque carré sur cette tablette d'argile représente une vente.

beaucoup de pictogrammes pour exprimer une idée. Le premier système d'écriture des Sumériens comptait environ 1500 pictogrammes.

Avec le temps, les pictogrammes ont évolué. Peu à peu, chaque dessin a eu plus d'un sens. Par exemple, le dessin d'un pied pouvait vouloir dire « marcher », « se tenir debout », « transporter », etc. C'est le contexte qui déterminait le sens. De cette façon, on a pu réduire le nombre de pictogrammes à 600 environ.

Ce qui pouvait ressembler à une tête de bœuf est devenu, quelques siècles plus tard, un assemblage de triangles et de lignes.

L'écriture cunéiforme était faite de lignes droites et de coins. Quand on regarde attentivement ces signes, on dirait des petits clous.

Le système d'écriture a tellement évolué que 1000 ans plus tard environ, les pictogrammes avaient disparu. Ils avaient été remplacés par l'écriture cunéiforme. Celle-ci était faite de dessins moins réalistes et plus faciles à tracer.

Le mot « cunéiforme » vient du latin *cuneus*, qui veut dire « coin ». Les scribes utilisaient des roseaux taillés en pointe pour tracer dans l'argile des signes faits de coins et de lignes. Ces signes avaient la forme de petits clous.

Cette nouvelle forme d'écriture a aussi permis de représenter les sons de la langue parlée. On a alors pu transcrire des récits religieux qui étaient transmis verbalement jusque-là.

Les scribes

Les personnes qui savaient écrire s'appelaient des scribes. Ils étaient peu nombreux et ils formaient un groupe à part dans la société. La connaissance de l'écriture leur donnait d'énormes pouvoirs.

Ces roseaux sont les ancêtres de nos stylos. On les appelle des calames.

Ce calame servait à tracer les lignes.

Celui-ci permettait de tracer les coins.

L'écriture chez les Égyptiens : les hiéroglyphes

Il y a 5000 ans, les Égyptiens ont inventé un très beau système d'écriture. Cette écriture était faite de petits dessins représentant des visages humains, des oiseaux, des plantes, des fleurs, des animaux, etc. Ces dessins sont des hiéroglyphes. Le mot « hiéroglyphe » vient du grec et veut dire « gravure sacrée ». On a appelé ainsi cette écriture parce qu'on la trouve gravée dans la pierre des temples et des tombeaux.

Bouche	Serpent	Eau

Un système d'écriture complet

Les hiéroglyphes représentaient des mots mais aussi des sons. Ainsi, le hiéroglyphe qui représentait la bouche valait aussi pour le son [r]. Les hiéroglyphes se lisaient dans plusieurs sens. L'orientation de la tête des humains ou des oiseaux indiquait dans quel sens il fallait lire.

Pendant 3000 ans, le système d'écriture égyptien n'a pas beaucoup changé. C'est seulement le nombre de hiéroglyphes qui a augmenté. De 700, il est passé à plus de 5000.

Ouvrage ornant la tombe du roi Seti I, un véritable chef-d'œuvre.

Aigle

Jambe

Lion

Chouette

Très utile

Chez les Égyptiens, l'État était très organisé. Des scribes notaient tout ce qui était produit ; cela servait à déterminer les impôts à payer. Ils notaient aussi fidèlement les événements importants de la société comme les mariages, les décès, les célébrations, etc.

Les scribes étaient donc un groupe très important dans la société. Ils avaient d'ailleurs des privilèges comme le fait de ne pas payer d'impôts.

Ce scribe accroupi, la main prête à écrire, témoigne de l'importance de ce métier chez les Égyptiens.

Le papyrus

Les scribes égyptiens écrivaient sur du papyrus. Le papyrus est une plante de marécages que l'on trouve dans la vallée du Nil. On découpait la tige de la plante en fines bandes. Ensuite, on mouillait et on assemblait ces bandes pour former des feuilles. Puis, on collait une vingtaine de ces feuilles l'une à la suite de l'autre avec une pâte de farine. Cela donnait un rouleau de plusieurs mètres de longueur.

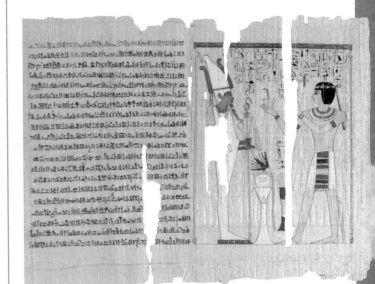

Peu résistant, le papyrus fut, plus tard, remplacé par le papier.

Le scribe utilisait un petit roseau dont l'extrémité était taillée. Il le trempait dans une encre préparée avec de la suie. Pour les titres et les en-têtes, il se servait d'une encre rouge teintée avec un peu de mercure.

Quand les Grecs ont dominé l'Égypte, cette écriture a cessé d'exister. C'est alors l'alphabet grec qui a été adopté.

L'écriture chez les Chinois : les idéogrammes

Il y a 4000 ans, les Chinois ont inventé un système d'écriture. Ce système était formé de petits dessins que l'on appelle des pictogrammes. Ces petits dessins représentaient des objets et des personnes. Par exemple, pour parler d'un arbre, on faisait ce dessin ⽊.

Avec le temps, les Chinois ont transformé ces dessins. Le pictogramme de l'arbre est devenu ⽊.

Plus tard, ils ont combiné plusieurs dessins pour représenter des idées. Ils dessinaient le pictogramme du soleil ⽇ avec celui d'un arbre ⽊ pour parler de la lumière 杲. Ces signes s'appellent des idéogrammes parce qu'ils permettent de représenter aussi bien des objets que des idées.

Un peu d'ordre

Pendant plus de 2000 ans, les Chinois ont ajouté de plus en plus d'idéogrammes. L'écriture chinoise est donc devenue très difficile.

Un jour, l'empereur Qin Shihuang a décidé de simplifier ce système d'écriture. Il a demandé à son ministre d'établir une liste de 3000 idéogrammes, puis de fixer la forme de ces idéogrammes.

Les Chinois trempaient leur pinceau dans un bloc d'encre semblable à celui-ci.

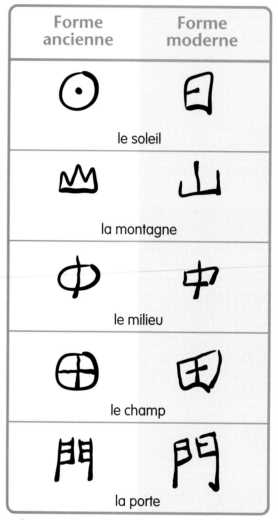

Forme ancienne	Forme moderne
⊙	日
le soleil	
⛰	山
la montagne	
⊕	中
le milieu	
⊞	田
le champ	
門	門
la porte	

La forme ancienne de ces pictogrammes ressemble à la forme moderne. Pourtant 3000 ans les séparent !

Profession : calligraphe

Mais même simplifiée, l'écriture chinoise restait compliquée. Elle était réservée à quelques spécialistes, les calligraphes. Ceux-ci travaillaient pour l'empereur. Ils étaient en quelque sorte des fonctionnaires.

Les premières écritures étaient gravées sur des os d'animaux ou des carapaces de tortues.

Le calligraphe utilisait un pinceau : un petit bambou portant à une extrémité des poils d'animaux (singe, rat ou tigre). Il mouillait le pinceau, puis le frottait sur un bloc d'encre solide. Il écrivait sur de la soie, sur des planchettes de bambou ou sur des lamelles de bois. Mais un jour, un Chinois, Caï-lun, a inventé le papier. Les Chinois l'ont adopté. Ils ont toutefois continué à utiliser la soie pour les textes prestigieux.

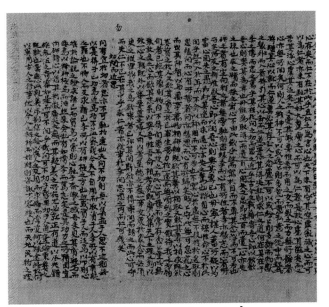

Les écrits importants étaient faits sur de la soie. À remarquer : on lisait verticalement, de haut en bas, en partant de la droite.

Tout un art !

Les calligraphes mettaient beaucoup de soin à tracer les caractères. En fait, leurs textes étaient de véritables œuvres d'art. Même les Chinois qui ne savaient pas lire admiraient ces textes.

Aujourd'hui, l'écriture chinoise est encore bien vivante. Parmi les écritures en usage, c'est la plus ancienne.

Les pinceaux étaient faits de poils d'animaux.

L'alphabet, toute une invention !

Il y a 3000 ans, les Phéniciens vivaient au bord de la Méditerranée. Ils faisaient beaucoup de commerce avec les pays voisins. Pour communiquer avec leurs clients, les Phéniciens utilisaient un système d'écriture composé de 22 signes. Finis les dessins pour représenter un objet ou une idée. Avec ce système, chaque signe représentait un son. C'est ainsi que les Phéniciens ont inventé le premier alphabet !

Inscription en phénicien gravée dans la pierre.

En bons commerçants, les Phéniciens étaient de grands voyageurs. Ils ont donc fait connaître leur alphabet au cours de leurs déplacements. Plusieurs peuples ont été séduits par la simplicité de l'alphabet phénicien. Ce fut le cas des Grecs, qui l'ont adopté vers l'an 800 avant notre ère.

Les Grecs créent les voyelles

Les Grecs ont adapté l'alphabet phénicien à leur langue, mais ils ont dû inventer les voyelles. En effet, il n'y avait que des consonnes dans l'alphabet phénicien. Certaines des consonnes phéniciennes étaient inutiles pour les Grecs ; elles correspondaient à des sons qui n'existaient pas dans leur langue. Ces consonnes « inutiles » sont donc devenues des voyelles dans l'alphabet grec. Ainsi, la consonne *aleph* ($\measuredangle$) en phénicien est devenue la voyelle *alpha* en grec (A).

Exemple d'écriture grecque. Ici, toutes les lettres sont en majuscules.

L'alphabet grec comptait 24 signes, soit 17 consonnes et 7 voyelles. Les majuscules étaient réservées aux inscriptions sur la pierre. Les minuscules étaient utilisées pour les textes plus courants, les textes faits sur du papyrus ou sur des tablettes de cire.

Les Grecs étaient de grands navigateurs. Ils ont diffusé leur alphabet dans les pays voisins.

L'alphabet latin

Autour de l'an 400 avant notre ère, les Romains ont conquis la Grèce. Ils ont été impressionnés par l'alphabet grec ; ils l'ont trouvé simple à utiliser. Les Romains ont adopté cet alphabet en le modifiant légèrement. Ainsi, ils ont, à leur tour, emprunté la voyelle grecque *alpha* (A) qui est devenue leur A. C'est ce qui a donné l'alphabet latin. Avec les années, cet alphabet a, lui aussi, connu plusieurs modifications, dont l'ajout du « x », du « y » et du « z ». Mais cet alphabet a survécu. Il sert encore aujourd'hui à transcrire un grand nombre de langues, comme le français, l'anglais, l'espagnol, l'italien, etc.

Un couple de scribes. La femme tient un stylet et des tablettes de cire. L'homme tient un rouleau de papyrus.

Véritable révolution

L'alphabet a marqué un point tournant dans le développement des sociétés. Il a rendu l'écriture beaucoup plus accessible, car il était facile à apprendre. Son apprentissage n'exigeait plus de longues années d'études. L'écriture n'était plus réservée à quelques scribes ou calligraphes. Dorénavant, tout le monde pouvait apprendre à écrire.

On utilisait un ciseau en fer, un stylet, pour graver les inscriptions dans la pierre.

La petite histoire des chiffres arabes

De tout temps, l'homme a trouvé des moyens pour compter. Il y a 25 000 ans, des chasseurs faisaient une petite entaille sur un os ou une pierre, chaque fois qu'ils tuaient une bête. C'était une façon de compter leurs prises.

Jadis, on tenait les comptes en gravant dans la pierre : on faisait un trait, une croix, un trou, etc.

L'homme a aussi utilisé ses doigts pour compter. Avec 5 doigts par main, il comptait naturellement par groupe de 10. C'est ce qui a donné le système de numération en base 10.

D'autres façons de compter

Mais certains peuples ont inventé d'autres systèmes. Les Mayas, les Aztèques, les Celtes et les Basques, entre autres, avaient adopté la base 20. Ils avaient sans doute additionné leurs orteils à leurs mains !

D'autres encore, les Sumériens par exemple, avaient choisi de compter en base 60. C'est à cause d'eux si on divise chaque minute en 60 secondes et chaque heure en 60 minutes.

Ces pierres s'appellent des *calculi*. Ce mot vient de *calculus*, qui veut dire « caillou » en latin. C'est ce qui a donné le mot « calcul » en français.

Les Romains, quant à eux, avaient inventé un système où les chiffres étaient représentés par des lettres. Le X valait 10, le V représentait 5, etc.

Mais leur système n'était pas pratique. Multiplier et diviser étaient impossibles. De nos jours, on utilise les chiffres romains pour numéroter les chapitres et les premières pages d'un livre. On s'en sert aussi pour écrire le nom des rois et des papes.

Vers l'an 1000, les Romains ont adopté les chiffres arabes, tellement plus faciles à utiliser !

Pas tout à fait arabes

Les chiffres arabes ne sont pas une invention arabe. En fait, ils auraient été inventés en Inde, entre les années 300 et 700. Les Arabes les auraient adoptés avant de les transmettre à l'Occident, au moment des guerres entre chrétiens et musulmans.

C'est grâce au pape Sylvestre II si nous utilisons ces chiffres aujourd'hui. En effet, vers l'an 1000, il a imposé cette façon de calculer aux Romains, qui auraient préféré conserver les chiffres romains et grecs.

On doit au pape Sylvestre II l'utilisation des chiffres arabes.

Les chiffres arabes ont marqué une véritable révolution. D'abord, le système introduisait des symboles. Par exemple, au lieu d'avoir trois entailles, on représentait cette valeur par un seul symbole, le chiffre 3.

Deuxièmement, ces chiffres permettaient de représenter une infinité de nombres avec seulement neuf symboles. Un chiffre prenait une valeur différente, selon sa position. Par exemple, dans 111, le 1 de droite représentait une unité alors que celui de gauche représentait une centaine et celui du centre, une dizaine.

Enfin, les chiffres arabes introduisaient le symbole 0 pour indiquer le nul. Jusque-là, le nul ne s'exprimait pas. Lorsqu'un commerçant achetait quatre moutons et qu'il les revendait, il concluait qu'il lui restait quatre moutons moins quatre moutons. Le zéro a permis de régler ce problème.

En somme, les chiffres arabes constituaient un système parfait. La preuve, c'est qu'on les utilise encore !

1	١	6	٦
2	٢	7	٧
3	٣	8	٨
4	٤	9	٩
5	٥	0	•

L'écriture des chiffres arabes s'est transformée au cours des siècles, comme on peut le voir dans ce tableau.

Enfin l'imprimerie !

Au 15e siècle, l'écriture avait déjà beaucoup évolué. Mais elle était toujours tracée à la main. Puis, l'imprimerie est arrivée. À partir de ce moment-là, il n'était plus nécessaire de copier un livre à la main, encore et encore. On pouvait l'imprimer.

Chacun est à sa tâche dans cette imprimerie du 15e siècle.

L'imprimerie est un procédé en trois étapes. La première étape consiste à former un texte en assemblant des caractères mobiles. Chacun de ces caractères ressemble à un tampon encreur. C'est un petit bloc qui porte en relief une lettre, un chiffre ou un signe de ponctuation.

À la deuxième étape, on enduit les caractères d'encre. Au cours de la troisième étape,

Jonathan Gutenberg

on appose les caractères sur du papier en appuyant, à l'aide d'une presse.

On pense souvent que l'imprimerie a été inventée par Gutenberg, un orfèvre allemand. Pourtant, dès le 11e siècle, un Chinois avait déjà inventé les caractères mobiles. Gutenberg a plutôt inventé le procédé complet pour imprimer.

D'abord, des lettres

Un Hollandais nommé Coster avait imprimé un livret de huit pages avec des cubes de bois dans lesquels il avait gravé des lettres. Les lettres de Coster étaient fragiles. Gutenberg a donc pensé à fabriquer des lettres en métal pour qu'elles soient plus résistantes. Ses talents d'orfèvre l'ont aidé à fabriquer les moules pour couler ses lettres en plomb.

Gutenberg a eu l'idée de faire des lettres mobiles en plomb.

Ensuite, une presse

Il a aussi trouvé le moyen de presser uniformément le papier sur les caractères encrés. C'est en observant le fonctionnement d'un pressoir à raisins (pour faire le vin), qu'il a eu l'idée d'utiliser ce mécanisme pour actionner sa presse.

La Bible est le premier ouvrage que Gutenberg a imprimé complètement. On l'a appelée la *Bible des 42 lignes* parce que chaque page contenait 42 lignes.

Au fil des siècles...

L'imprimerie a connu un succès énorme à travers le monde. Pendant plus de trois siècles, les imprimeurs ont aligné les caractères de plomb à la main et imprimé une page à la fois au moyen d'une presse en bois. Cette presse était actionnée à la main.

Puis, au 19e siècle, on s'est mis à améliorer l'idée de Gutenberg. De nos jours, les presses sont entièrement automatisées et fonctionnent par ordinateur.

Au fil des siècles, l'imprimerie a joué un rôle très important dans la diffusion des connaissances.

Deux pages de la célèbre bible de Gutenberg. Les magnifiques dessins ornant la page de droite s'appellent des enluminures.

Cinq siècles se sont écoulés entre l'imprimerie de Gutenberg et celle-ci, ultramoderne.

Vivement les ordinateurs !

Au 15e siècle, l'imprimerie a révolutionné l'écriture. Au 20e siècle, c'est l'électronique qui l'a profondément bouleversée.

Le premier ordinateur a été fabriqué aux États-Unis, en 1946, à l'Université de Pennsylvanie. Au début, les ordinateurs étaient gigantesques. De nos jours, on trouve des ordinateurs que l'on peut glisser dans sa poche ! De plus, ils sont beaucoup plus puissants.

Les ordinateurs sont des machines électroniques, c'est-à-dire qu'ils fonctionnent grâce à de très faibles impulsions électriques. Ces impulsions communiquent des informations ou des données comme des lettres, des chiffres, des espaces ou des lignes.

L'écriture encore simplifiée

L'action d'écrire avait été simplifiée par la machine à écrire. L'ordinateur l'a rendue encore plus facile. On peut maintenant corriger un texte autant de fois qu'on le désire, déplacer des paragraphes, grossir les caractères, etc.

Des supports peu encombrants

L'ordinateur permet aussi de stocker des données grâce à sa mémoire. Mais l'espace est limité dans cette mémoire. On peut alors transférer les données sur d'autres supports : une disquette ou un cédérom, par exemple. Toutes les informations d'une encyclopédie peuvent tenir sur un petit disque.

Accès libre à l'information

L'électronique permet la transmission de données sur de longues distances, grâce au réseau Internet. Celui-ci est né à la fin des années 1980. Internet est composé d'un grand nombre de super-ordinateurs qu'on appelle des serveurs.

Pour avoir accès à Internet, il faut que l'ordinateur soit relié à un de ces serveurs. Le lien peut être le fil du téléphone ou du câble. Mais ces fils n'utilisent pas le même langage que l'ordinateur. Il faut donc qu'un appareil, appelé modem, traduise les signaux de l'un à l'autre.

Le courrier électronique est l'application d'Internet la plus répandue. On s'en sert pour travailler, pour communiquer avec des amis, etc.

Internet ne connaît pas de frontières. Il donne accès à des montagnes de renseignements à travers le monde. On y trouve de tout… même des livres !

Le premier ordinateur, l'ENIAC, était énorme et peu performant comparé aux ordinateurs actuels.

Projet **4**

À chacun son toit

1. La case des Massaïs 186

2. La yourte des Mongols 188

3. La maison troglodyte 190

4. La maison sur pilotis 192

5. Les gens dans les arbres 194

6. La vie sur l'eau 196

7. La maison longue des Iroquoiens 198

La case des Massaïs

On utilise toutes sortes de matériaux pour construire une maison. Certains peuples se servent même de la bouse de vache séchée. C'est le cas des Massaïs, qui vivent sur les plateaux entre le Kenya et la Tanzanie, en Afrique de l'Est. Ils élèvent des chèvres, des vaches et des moutons. Ces animaux leur fournissent toute la matière première dont ils ont besoin.

La vie des Massaïs tourne autour de leurs troupeaux. Ce peuple est semi-nomade. Il se déplace quelques fois par année, en fonction des points d'eau et des pâturages pour les animaux. Les habitations des Massaïs doivent donc être faciles à construire.

Enfant massaï.

Responsabilité féminine

C'est aux femmes que revient la tâche de construire les maisons ou cases. Ces maisons sont faites d'une charpente de bois sur laquelle on applique un mélange fait de branchage, de terre et de bouse de vache séchée. En durcissant au soleil, ce mélange devient aussi solide que du ciment. Et, rassure-toi, ça ne sent pas mauvais.

La responsabilité de construire les cases revient aux femmes.

Le toit est plat et recouvert d'herbe. Les cases sont petites et rectangulaires ou carrées. Elles font environ 6 mètres de long. Elles sont basses : on ne peut pas s'y tenir debout. Il faut dire que les Massaïs sont très grands.

Les cases comptent une ou deux pièces. Elles sont sombres, car la porte est petite. Une ouverture dans le toit laisse pénétrer un peu de lumière et permet à la fumée du foyer de s'échapper. Le foyer sert à faire à manger et à se garder au chaud pendant la saison des pluies. Il est, lui aussi, en bouse de vache séchée mélangée avec de la terre.

Femmes massaïs devant une case du village.

Les cases servent surtout la nuit pour dormir. On dort sur des lits faits de branchages recouverts de peaux de vaches.

Organisation sociale

Plusieurs familles se regroupent pour former un village près d'un point d'eau. Les cases sont disposées en cercle et sont entourées d'une sorte de fortification faite de perches. Cette palissade protège les personnes et le bétail contre les bêtes sauvages comme les lions, les léopards et les hyènes.

L'organisation sociale des Massaïs est basée sur l'âge, c'est pourquoi le village comprend deux quartiers. Un quartier abrite les hommes, les femmes et leurs jeunes enfants. On peut y trouver de 4 à 7 familles, c'est-à-dire entre 10 et 20 cases. Chez les Massaïs, les hommes peuvent avoir plusieurs femmes. Comme le mari, chaque femme a sa case. Les enfants vivent avec leur mère.

Vers l'âge de 15 ans, les garçons et les filles vont s'établir dans l'autre quartier. Les garçons deviennent les protecteurs du village et des troupeaux. Ils demeurent dans ce quartier, composé d'une cinquantaine de cases, jusqu'à leur mariage. Quant aux filles, elles partagent des cases avec des filles de leur groupe d'âge.

La yourte des Mongols

Les Mongols sont des nomades qui vivent dans les steppes. Les steppes sont de vastes plaines qui vont de la Chine à la Russie. Là, les Mongols y font l'élevage des chevaux, des moutons, des chèvres et des chameaux. Ils doivent se déplacer plusieurs fois par année pour assurer de bons pâturages à leurs troupeaux. C'est pourquoi ils habitent un type de maison qui ne prend que deux heures à construire et qui se transporte facilement. Cette habitation, c'est la yourte.

Famille mongole devant l'habitation traditionnelle.

Charpente de treillis de bois d'une yourte.

La yourte est une sorte de tente faite d'une charpente de bois qui forme un cercle de 5 à 10 mètres de diamètre. Cette charpente est recouverte de feutre fait de laine de chameau.

L'habitation est surmontée d'une petite cheminée pour laisser s'échapper la fumée du foyer. Une porte constituée d'un cadre de bois permet d'y entrer. Cette porte est toujours orientée vers le sud. C'est la tradition !

La yourte est simplement déposée sur le sol. Elle tient sans piquets. Les Mongols vivent en accord avec la nature. Pour eux, enfoncer des piquets dans la terre correspondrait à lui manquer de respect.

À l'intérieur

Comme l'espace est restreint dans la yourte, les personnes et les choses ont une place déterminée. Le foyer ou poêle est au centre. Le côté ouest de la yourte est réservé aux hommes. Les femmes, elles, s'installent du côté est. Le côté nord est l'endroit le plus prestigieux ; il est réservé aux visiteurs et aux objets religieux. On trouve, dans l'habitation, quelques meubles : des lits, des tabourets, une table, des coffres. Le sol est recouvert de tapis.

On circule très peu dans la yourte. Quand on se déplace, on le fait selon le mouvement du soleil, donc dans le sens

Jeune enfant dans l'embrasure de la porte.

des aiguilles d'une montre. Pourquoi ? Encore là, c'est pour être en accord avec la nature.

Au cœur de la vie sociale

Monter une yourte est un événement important, toujours marqué par une fête ou un banquet. Lorsque la yourte est destinée à un nouveau couple, la fête est encore plus solennelle. Dans la tradition mongole, c'est la famille du fiancé qui doit préparer la nouvelle habitation. Quand la yourte est prête, le jeune homme va chercher sa fiancée et la conduit dans sa nouvelle demeure.

Comme on peut le voir, la yourte est vraiment au cœur de la vie de ce peuple nomade. Elle correspond, selon ses croyances, au centre de l'univers.

Il fait froid dans les steppes. La yourte est donc le lieu de rassemblement privilégié.

La maison troglodyte

Il y a de cela très, très longtemps, l'humain vivait dans des grottes ou des cavernes naturelles. On l'appelle d'ailleurs l'homme des cavernes.

Quand l'humain a découvert le métal, il a commencé à se fabriquer des outils. Ceux-ci lui ont permis de transformer les cavernes pour en faire de véritables habitations : les maisons troglodytes.

On trouve de ces abris creusés dans le roc un peu partout dans le monde. Il y en a en Turquie et en France, par exemple, mais aussi plus près de chez nous, dans le Colorado, aux États-Unis. Dans la vallée de la Loire notamment, en France, la maison troglodyte est considérée comme l'habitat traditionnel de la région.

Le long de la Loire

Ainsi, aux 14e et 15e siècles, on a construit plusieurs châteaux le long de la Loire, un célèbre fleuve de France. Pour construire ces châteaux, il fallait de grandes quantités de pierres. On a donc creusé dans les falaises de la région pour extraire les pierres. Cela a donné de nouvelles cavités, qui ont été transformées en habitations.

Au 17e siècle, la Loire était le fleuve le plus fréquenté en France. L'économie y était prospère. Les gens de régions plus pauvres y venaient pour trouver du travail. Ces personnes cherchaient à se loger à bon marché. La maison troglodyte était tout indiquée.

Tout en courbes

Les premiers abris de ce genre étaient obscurs et humides. On faisait peu d'ouvertures dans les cavernes de peur qu'elles ne s'effondrent. Avec le temps, on a réglé ce problème en mettant une pièce de métal ou de bois horizontale dans le haut des ouvertures. Cette pièce s'appelle un linteau. Ces habitations étaient petites : elles faisaient environ 10 mètres de large sur 10 mètres de long.

Exemple de maison troglodyte dans la vallée de la Loire, en France.

Le palais des Falaises situé dans le parc national Mesa Verde au Colorado (États-Unis). L'ensemble daterait de 12 000 ans.

La maison troglodyte était tout en courbes. Il n'y avait pas de lignes droites : les murs, les cloisons, le plafond, tout était irrégulier. Le plafond bas permettait de garder la chaleur.

La pièce centrale était l'endroit où se tenaient toutes les activités domestiques. On y ajoutait parfois une autre pièce. Les deux espaces communiquaient alors par un couloir intérieur. Si on manquait d'espace, on creusait une deuxième cavité au-dessus de la pièce centrale. On accédait à l'étage par des marches taillées dans la pierre.

La cheminée était située près de l'entrée. Elle permettait de cuire les aliments et de chauffer la maison. La porte était en deux parties : on pouvait en ouvrir une partie seulement pour aérer les lieux.

Regain d'intérêt

À la fin du 19e siècle, la maison troglodyte a été délaissée. On préférait des habitations plus confortables. Mais dans les années 1970, certaines personnes ont décidé d'aménager des grottes ; elles leur ont donné tout le confort moderne. D'autres abris ont été restaurés pour le tourisme. Dans la vallée de la Loire, par exemple, on peut visiter des villages complets de ces habitations creusées dans le roc.

Habitations creusées dans le roc à Cappadoce, en Turquie.

La maison sur pilotis

Plusieurs peuples dans le monde habitent près de l'eau ou sur des terres marécageuses. Ceux-ci construisent souvent leurs maisons sur pilotis. Les pilotis sont de longs pieux sur lesquels reposent les maisons. C'est un peu comme si les maisons étaient sur des talons très hauts! Ce type de construction permet d'éviter que les habitations soient inondées lorsqu'il y a des variations du niveau de l'eau.

C'est ce que font les Waraos, un peuple autochtone qui vit à l'embouchure du fleuve Orénoque, au Venezuela. Avant de se jeter dans la mer, ce fleuve forme un grand nombre de canaux. L'activité

Cette jeune Warao tresse des feuilles de palmier bâche sans doute pour faire un hamac.

principale des Waraos est, par conséquent, la pêche. D'ailleurs, *warao* signifie « peuple des pirogues ».

Le palmier bâche

La maison des Waraos, qui s'appelle *palafito*, est très simple. C'est une sorte de plate-forme surélevée qui est soutenue par des pieux. Ceux-ci sont enfoncés profondément dans l'eau ou la boue. La maison est ouverte sur les côtés pour permettre une circulation d'air. Un toit protège les occupants de la pluie.

Les matériaux proviennent d'un arbre très important dans la vie des Waraos, le palmier bâche. Avec le tronc de cet arbre, on fait les pieux, le plancher et la charpente du toit. Ses feuilles servent à

Maison sur pilotis sur la rive de l'Orénoque, au Venezuela.

couvrir le toit. Les hamacs dans lesquels les Waraos dorment sont également fabriqués avec la fibre de cet arbre.

Le palmier bâche a bien d'autres utilités. Sa pulpe est comestible et sa sève sert à fabriquer un alcool. Il abrite en abondance des vers, un mets très apprécié des Waraos. Sans compter que c'est le matériau par excellence pour construire les pirogues.

Des villages sur pilotis

Les maisons sont reliées par une passerelle en bois, elle aussi sur pilotis. Les maisons ainsi réunies forment un village, qui peut compter jusqu'à 1000 habitants.

On vit dans ces maisons en famille étendue, c'est-à-dire le père, la mère, les enfants, les oncles, les tantes, les cousins, les grands-parents, etc.

Les pirogues sont amarrées aux pilotis des maisons. Hommes, femmes et enfants en possèdent une. C'est leur moyen de transport. Les Waraos disent même qu'ils apprennent à nager et à pagayer avant de savoir marcher.

Les quelque 20 000 Waraos vivent ainsi depuis fort longtemps. Mais leur mode de vie risque de changer. Leurs terres contiennent beaucoup de pétrole. Qu'arrivera-t-il de ce peuple lorsque les compagnies décideront d'exploiter le pétrole?

Intérieur d'un *palafito* (un palafitte en français).

Les gens dans les arbres

Ingénieux, les «gens dans les arbres» ont su utiliser la nature pour se construire des abris.

Les Korowais habitent loin des villes, dans la forêt tropicale de la Nouvelle-Guinée. Ils sont peu nombreux, à peine 3000, et ils vivent encore uniquement de chasse et de cueillette. On les surnomme les «gens des arbres». Pourquoi? Parce qu'ils construisent leurs maisons dans les arbres.

On raconte que les Korowais ont commencé cette pratique il y a bien longtemps, pour se protéger de leurs voisins : des coupeurs de tête. Chose certaine, aussi haut perchés, ils sont à l'abri des serpents et des insectes.

Des maisons « sécuritaires »

Les Korowais construisent leur maison au faîte des arbres, soit à une trentaine de mètres du sol. La construction peut durer des mois.

La première étape consiste à abattre les arbres, qui serviront de piliers. Ensuite, on fabrique le plancher qui repose sur les troncs d'arbres. On installe une première plate-forme. À partir de là, on dégage l'espace environnant en coupant les branches. On pose alors une seconde plate-forme par-dessus la première.

Korowai tenant une pipe en bambou à la main.

On y dispose de fines branches. Puis on recouvre le tout d'écorces d'arbres entrelacées. Enfin, on vérifie la solidité du plancher en sautant vigoureusement dessus.

Les murs et le toit sont faits d'un treillis de branches liées et de rotin. Des feuilles de palmier recouvrent le toit.

Enfin, le foyer est bâti avec de la terre. Il est placé au-dessus d'un trou dans le plancher et retenu par des lattes de jonc. S'il y a risque d'incendie, on coupe les lattes. Le feu tombe alors dans la forêt. Comme le sol est très humide, le feu s'éteint rapidement.

Pour entrer dans la maison, il faut utiliser une longue perche, dans laquelle on a fait des encoches qui servent de marches. La nuit, on retire la perche et on la fixe au plancher pour éviter les attaques ou les intrus.

La maison peut durer cinq ans si elle est bien entretenue.

Le cœur de la vie familiale

La vie des Korowais se passe dans la maison. Ceux-ci descendent de leur hutte uniquement pour se nourrir. La forêt est leur réserve de nourriture. Ils y trouvent des concombres sauvages et des fruits. Ils chassent aussi le cochon sauvage et, à l'occasion, le casoar. Cet animal est une sorte de petite autruche très rapide. C'est aussi dans la forêt que les Korowais trouvent les matériaux qui sont nécessaires à l'entretien de leurs abris.

Les hommes et les femmes vivent dans la même maison, mais dans des groupes séparés. Chaque groupe a son espace réservé, son entrée et son foyer.

Les troncs d'arbres servent de piliers à ces maisons très haut perchées.

La vie sur l'eau

Au Vietnam, le fleuve Mékong se divise en de nombreux canaux avant de se jeter dans la mer de Chine. Dans cette région, qu'on appelle le delta du Mékong, plusieurs des habitants sont des pêcheurs ou des pisciculteurs, c'est-à-dire des personnes qui élèvent des poissons. Ils vivent le long des canaux, dans des maisons flottantes.

Ces maisons flottantes sont de dimensions et de styles très variés. Soit qu'elles reposent simplement sur une embarcation, soit que des dispositifs de flottaison les maintiennent au-dessus de l'eau comme un radeau.

Le sampan, maison-bateau

Le sampan est une embarcation étroite, peu profonde et allongée. Il est en bois, généralement surmonté d'un dôme de bambou pour protéger ses passagers du soleil. Le sampan est d'abord un moyen de transport et un bateau de pêche. Comme le delta est populeux et que l'espace est restreint, plusieurs trouvent plus pratique de vivre sur le sampan avec la famille.

Il suffit de quelques aménagements, comme l'ajout d'un toit et de cloisons en bois ou en tissu, et le bateau devient une

Il suffit d'un toit pour se protéger du soleil et de la pluie, et le bateau devient maison.

maison. Les aménagements sont très variables et dépendent des goûts et des moyens de chacun.

Le soir, la maison-bateau est amarrée à la rive. Certains sampans sont amarrés en permanence. Dans ce cas, on utilise une plus petite embarcation pour se déplacer ou pêcher. Les villages flottants peuvent regrouper des centaines de maisons. Souvent, les services comme les restaurants, les écoles et les postes d'essence sont, eux aussi, flottants.

Vue du Mékong avec ses centaines de sampans.

La maison-pisciculture

Une grande partie des piscicultures du Vietnam se trouvent dans le delta du Mékong. Certaines sont même

directement sous les maisons. C'est ce qu'on appelle la pisciculture en cage. La cage est plongée dans l'eau. Elle flotte grâce à des barils métalliques ou à des bambous. La maison est construite sur la cage. Elle est en bois avec un toit de tôle, de bois ou de feuilles séchées. Le reste est au goût des propriétaires.

Le fond de la cage de même que deux des côtés sont en bois dur. Les deux autres côtés sont ouverts et se font face. Ils sont constitués d'un grillage d'acier. La maison-pisciculture fait face au courant pour que l'eau circule dans la cage. Cela assure aux poissons une bonne oxygénation de l'eau. Parfois reliée à d'autres, la maison-pisciculture est en eau profonde.

Famille de pêcheurs. À remarquer, les maisons sur pilotis dont on parle dans le texte 4.

La maison longue des Iroquoiens

Les Iroquoiens pratiquaient déjà l'agriculture et vivaient dans des villages lorsque les Européens sont arrivés en Amérique. Ces villages regroupaient plusieurs habitations appelées maisons longues. En 1534-1535, Jacques Cartier a visité des villages iroquoiens. Il a été le premier à décrire la maison longue iroquoienne.

De bois et d'écorce

La charpente de la maison longue était en bois. Les murs étaient faits de perches plantées dans le sol. Celles-ci étaient réunies par d'autres perches horizontales. Cette structure était recouverte d'écorces. Une autre structure en bois, plus légère, était déposée par-dessus l'écorce afin de la maintenir en place. Pour faire un toit arrondi, on utilisait des perches courbées en forme d'arc.

La maison longue était rectangulaire. Elle avait environ 7 mètres de large sur 10 à 35 mètres de long; c'est ce qui explique son nom « maison longue ». Elle mesurait à peu près 7 mètres de haut.

Reconstitution d'une maison longue.

Les portes, situées aux extrémités, étaient basses pour limiter les pertes de chaleur. Durant l'hiver, on les fermait avec des peaux d'animaux.

La maison longue était séparée sur la longueur par des foyers. Des ouvertures dans le toit laissaient s'échapper la fumée dégagée par ces foyers. Sur les côtés, des plates-formes servaient de sièges ou de lits. Au plafond, on entreposait le maïs et le poisson que l'on faisait sécher.

Pour plusieurs familles

La maison longue pouvait abriter entre 10 et 20 familles, soit de 25 à 60 personnes. Toutes les familles habitant une maison longue faisaient partie du même clan. L'appartenance à un clan était transmise de mère en fille: les enfants devenaient membres du clan de la mère.

Chaque maison longue était dirigée par une femme. Elle y vivait avec son mari, ses filles et leur mari, de même qu'avec les enfants. Chez les Iroquoiens, lorsqu'un homme se mariait, il allait vivre dans la famille de sa femme.

La maison longue était au cœur de la vie quotidienne des Iroquoiens. Ils y prenaient tous leurs repas. C'était aussi un lieu de rencontres et d'événements sociaux.

Projet 5

Paroles d'animaux

1. La trompe de l'éléphant 200

2. Sauriens 200

3. Bestiaire 201

4. « l'araignée patiente… » 202

5. L'araignée 202

6. Et tique et tique 203

7. Bébert, le dromadaire 203

8. « si j'avais… » 204

9. « zoo… » 205

10. Le zèbre 205

11. Le poussin 206

12. « Si j'étais… » 206

13. L'oiseau 206

14. Si un seul nuage 207

15. Ma colombe 207

16. La girafleuriste 208

17. La girafe 208

18. « le gros poisson… » 209

19. « Les petits poissons… » 209

20. Le perce-oreilles 210

21. La cigale 210

22. Le papillon 211

23. Le papillon 211

24. « Une fourmi… » 212

25. « fin de la récréation… » 212

26. Quand on est tortue… 213

27. Voyage 213

28. « Le mille-pattes… » 214

29. Le mille-pattes 214

30. La sauterelle 214

Texte 1

La trompe de l'éléphant

La trompe de l'éléphant
c'est pour ramasser les pistaches :
pas besoin de se baisser.
Le cou de la girafe,
c'est pour brouter les astres :
pas besoin de voler.
La peau du caméléon,
verte, bleue, mauve, blanche,
selon sa volonté,
c'est pour se cacher des animaux voraces :
pas besoin de fuir.
La carapace de la tortue,
c'est pour dormir à l'intérieur,
même l'hiver :
pas besoin de maison.
Le poème du poète,
c'est pour dire tout cela
et mille et mille et mille autres choses :
pas besoin de comprendre.

Alain BOSQUET, *Je ne suis pas un poète d'eau douce : poésies complètes, 1945-1994*, Paris, Éditions Gallimard, 1996.

Texte 2

Sauriens

L'alligator
A tort
Le crocodile
Est débile
Le caïman
Ment

    Et moi je sais bien
    Qu'un saurien
    Ne sait rien
    Qu'un saurien
    Ne vaut rien

Robert GELIS
Extrait de Maryse DE LA GRANGE et Antoine REILLE, *Les animaux du monde en poésie*, Paris, Éditions Saint-Germain-des-Prés, collection L'enfant la poésie, 1982.

Texte 3

Bestiaire
(extraits)

La chauve-souris est un drôle d'animal qui
dort la tête en bas espérant ainsi se faire
pousser les cheveux.

Avez-vous vu cette belle idée-arbre qui a
poussé, traversant le crâne du chevreuil ?

Qui sait ? Qui sait vraiment si la tortue n'est
pas une pierre qui, à force de rêve, est
parvenue à avancer ?

L'oiseau dans l'arbre, en face de la fenêtre,
est très utile pour enlever la poussière sur
la table. Pour dire la vérité, c'est la queue
du chat à l'affût qui fait tout le travail.

La corrida des bateaux dans la baie.
Et dans ma poitrine, un béluga affolé.

La poule est un oiseau incapable de voler.
Tout le jour on la voit picorer
le sol et essayer de couper
le fil invisible qui la retient.

Guy MARCHAMPS, *Bestiaire*, Trois-Rivières,
Éditions d'art Le Sabord, 2000.

Texte 4

l'araignée patiente
tisse une œuvre de dentelle
d'où vient l'ennemi ?

Monique POITRAS-NADEAU, *Instants fugaces*, 2000.

Texte 5

L'araignée

L'araignée est la fille de la nuit.
Elle est sombre comme lune,
Timide comme une feuille de papier.

Toujours aussi gourmande
elle croque chaque insecte
comme un serpent avale un rat.

Grosse et bien remplie
l'araignée assise sur sa toile
à attendre une mouche repas
balance son autre proie
sur le divan du salon.

Marie NADEAU TREMBLAY, 9 ans, Inédit.

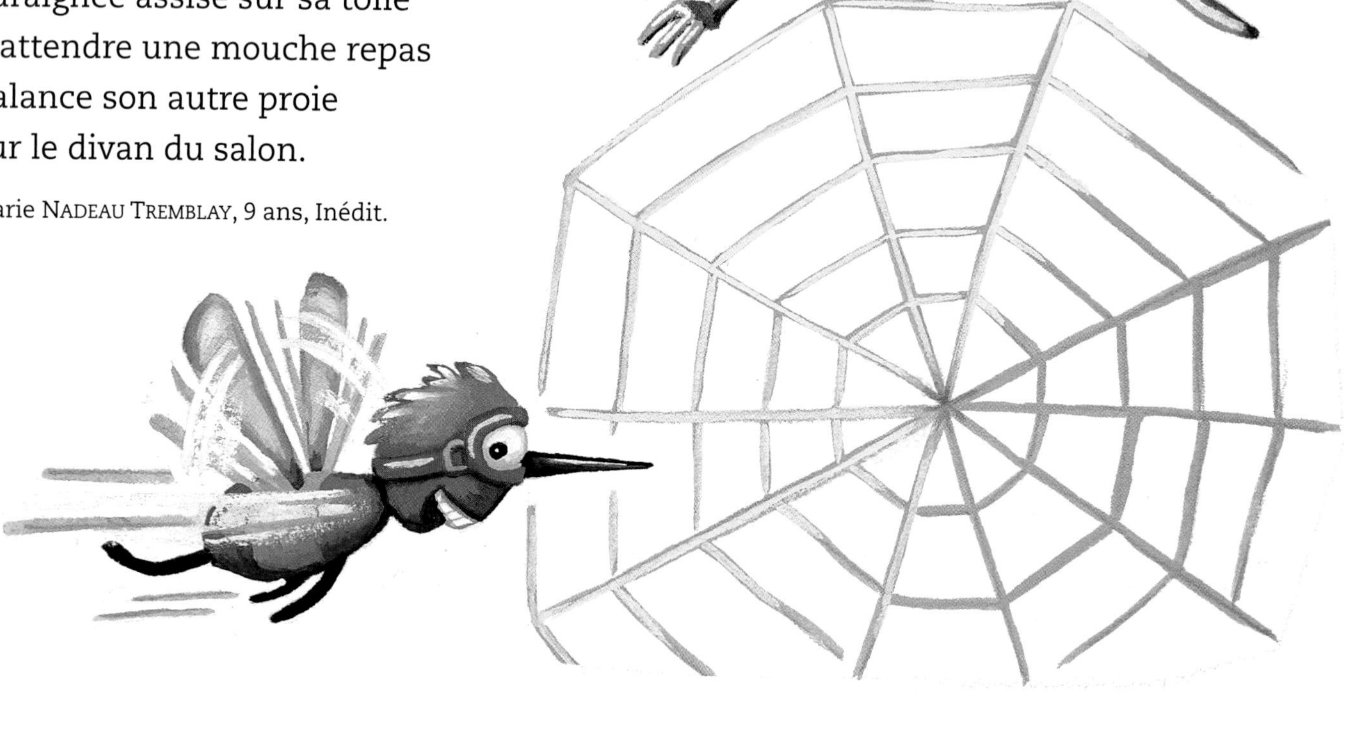

Texte 6

Et tique et tique

Une vache
une vache
qu'est-ce que je pourrais
bien écrire
sur une vache ?

Ah ! la vache
c'est pas facile
d'écrire sur une vache

Une vache
c'est drôlement pas poétique
ni romantique
ni tragique
ni même comique
et tique et tique

Une vache
c'est un gros tas
monté sur pattes
un œil mou
qui louche

du chewing-gum
plein la bouche
et une queue
battoir à mouches...

Non décidément
je n'ai rien à écrire
sur une vache

Michel
tu viens boire ton lait ?

      Ah mais...
         ça y est !

Jean-Pierre ANDREVON, *Chères bêtes*, Paris, Éditions Gallimard Jeunesse, collection Folio Cadet, Poésie, 1994.

Texte 7

Bébert, le dromadaire

dans le désert
un dromadaire
une ou deux bosses
je ne sais plus
dort dans le sable
et son corps mou
fait une dune
de plus

Martine GEHIN
Extrait de Maryse DE LA GRANGE et Antoine REILLE, *Les animaux du monde en poésie*, Paris, Éditions Saint-Germain-des-Prés, collection L'enfant la poésie, 1982.

si j'avais une bête
elle serait comme ça
elle serait verte avec des pois
jaunes
ou bien toute blanche
avec des pattes jusqu'à terre
et des ailes jusqu'au ciel
elle serait en forme d'arbre
légère
sans chaîne et sans fenêtre
elle serait sans cadenas
si j'avais une bête
elle serait comme cela
elle aurait une tête de bête
avec des yeux de bête
avec des mains de bête
si j'avais une bête
elle serait tout à moi
elle serait douce et chaude
elle parlerait tout bas
elle serait verte avec des pois
jaunes
et ce serait un chat

mais c'est bête, j'ai pas d'bête
et les bêtes j'aime pas ça

Alexis LEFRANÇOIS, *Comme tournant la page*, volume II,
Montréal, Éditions du Noroît, 1984.

Texte 9

ZOO

les gens imitent les singes

les singes applaudissent

Carol LEBEL, *Petites éternités. Où nous passons*, Québec,
Le Loup de Gouttière, 1997.

Texte 10

Le zèbre

À ZANZIBAR

Dans la ZONE

Quand le ZÉPHYR est au ZÉNITH du ZODIAQUE

ZUT ZÉRO le ZAZOU

Un ZIGOTO qui ZÉZAYE avec ZÈLE

Danse comme un ZOMBI

Un ZESTE de ZIGUE

En habit ZOOTÉ

ZÉBRÉ en ZIGZAG

En ZIEUTANT les autres ZÈBRES du ZOO

Sans semer la ZIZANIE

De peur d'être ZIGOUILLÉ

Comme un ZOZO !

MOUFFE
Extrait de *Crapauds et autres animaux*, Montréal, les Éditions la courte
échelle, 1981.

Texte 11

Le poussin

C'est une graine enveloppée de plumes
et qui se promène avant de germer.

Luc DIETRICH, *Poésies*, Paris, Éditions du Rocher, 1996.
© Éditions du Rocher, 1996

Texte 12

Si j'étais un oiseau
je tirerais la langue aux chats.

Éric, 7 ans
Extrait de Pédagogie Freinet, *Comme je te le dis ! : Poèmes
d'enfants*, Tournai, Éditions Casterman, 1978.
© Casterman S.A.

Texte 13

L'oiseau

L'oiseau s'envole,
ses ailes,
comme un chef d'orchestre,
dirigent le vent, la pluie.
Voilà le coucher du Soleil...
ses couleurs se reflètent
dans la chanson de l'oiseau.

Véronique, 8 ans
Extrait de Pédagogie Freinet, *Comme je te le dis ! : Poèmes
d'enfants*, Tournai, Éditions Casterman, 1978.
© Casterman S.A.

Texte 14
Si un seul nuage

Si un seul nuage
Assombrit la forêt
Est-ce qu'un seul oiseau
Peut la faire chanter ?

Marie-Claude CAISERMAN
Extrait de *Arbrerie*, Saint-Denis d'Oléron, Océanes, 1986.

Texte 15
Ma colombe

Elle était d'un blanc
Si ravissant
Avec son cou petit
Et sa queue bien jolie.

Je l'aimais tant !
Quand elle est partie
Je lui ai dit :
« Au revoir ! » en pleurant.

Après quelques nuits,
D'insomnie,
Je me suis dit :
« Pourquoi est-elle partie, un soir
Sans me dire au revoir ? »

Maintenant,
L'ennui est disparu,
J'aime rêver à cette colombe toute menue
Vêtue de blanc
Et que j'aimais tant !

Julie LESSARD, 4e année
Extrait de Aline LÉVÊQUE, *Kaléimagie : Quand les peintres inspirent un apprenti poète*, Saint-Romuald, Éditions Sans Âge, 1993.

Texte 16

La girafleuriste

La girafleuriste est toujours de bonne humeur.
Le printemps et l'été
sont ses saisons préférées.
Elle cultive des fleurs.
Elle donne du bonheur.

Toute sa vie est parfumée,
et son cœur, ensoleillé.
Et à minuit, quand elle sort dans son jardin
pour admirer le ciel,
elle compte les étoiles en fredonnant :

J'aime la vie
un peu
beaucoup
passionnément...
à la folie.

Robert SOULIÈRES
Extrait de Robert SOULIÈRES et Marjolaine BONENFANT,
L'abécédaire des animots, Québec, Éditions Les Heures
bleues, 2000.

Texte 17

La girafe

Elle inventa le télégraphe,
l'antenne et la télévision
pour mieux savoir ce qui se passe
aux quatre coins de l'horizon.
Pour mieux entendre, pour mieux voir
sans périscope ni radar,
sans miradors, sans Tour Eiffel,
dans le sillage du soleil,
arriver le premier avion.

Oui, mais, oui, mais, comment fait-on
quand on est tout petit garçon
pour lui dire un mot à l'oreille ?

Gilbert DELAHAYE
Du coq à l'âne, Unimuse, 1978.

Texte 18

le gros poisson
dans le petit aquarium
prison d'eau douce

Monique POITRAS-NADEAU, *Instants fugaces*, 2000.

Texte 19

Les petits poissons dans l'eau
Nagent, nagent, nagent, nagent ;
Les petits poissons dans l'eau
Nagent, nagent comme il faut ;
Les petits poissons dans l'eau
Nagent aussi bien que les gros.

Georges JEAN
Extrait de *Le premier livre d'or des poètes*, Paris, Éditions Seghers, 1975.

Texte 20

Le perce-oreilles

Le tout petit perce-oreilles
ne perce pas du tout
                    nos oreilles
mais il perce
tous nos secrets

méfiez-vous du perce-oreilles

Andrée CLAIR
Extrait de Jacques CHARPENTREAU, *Mon premier livre de
poèmes pour rire,* Paris, Les Éditions de l'Atelier, 1992.

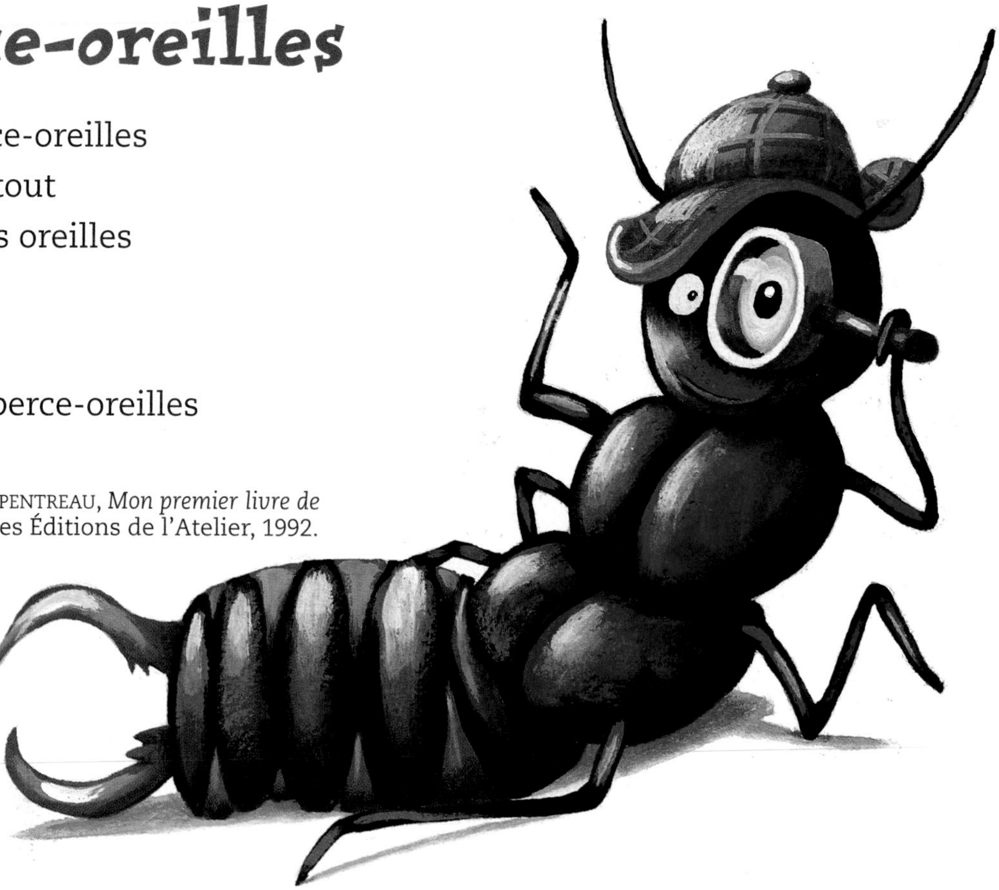

Texte 21

La cigale

Écoutez-la
Qui prudente
Remonte
Sa montre
Chaque soir
Avant de s'endormir.

Joël SADELER, *Poèmes pour ma dent creuse,* Lyon, Éditions
À cœur joie, 1986.

Texte 22

Le papillon

L'habit du papillon
ce n'est pas un pantalon
il possède deux ailes
pas celles d'un avion
comme deux aquarelles
colorées par des crayons
pas les tiens pas les miens
ce sont ceux de l'arc-en-ciel

Michel ALÈGRE
Extrait de Jean-Hugues MALINEAU,
Il était une fois les animaux, Paris,
Éditions Messidor/La farandole,
1978.

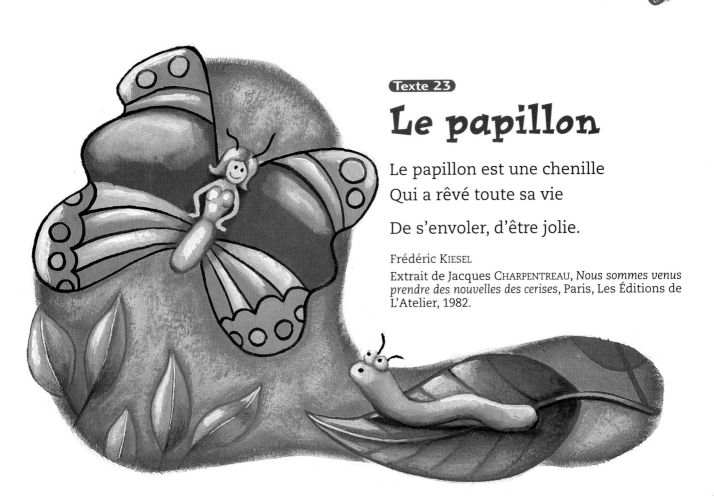

Texte 23

Le papillon

Le papillon est une chenille
Qui a rêvé toute sa vie

De s'envoler, d'être jolie.

Frédéric KIESEL
Extrait de Jacques CHARPENTREAU, *Nous sommes venus
prendre des nouvelles des cerises*, Paris, Les Éditions de
L'Atelier, 1982.

Les petites bêtes

Une fourmi de dix-huit mètres
Avec un chapeau sur la tête,
Ça n'existe pas, ça n'existe pas.
Une fourmi traînant un char
Plein de pingouins et de canards,
Ça n'existe pas, ça n'existe pas.
Une fourmi parlant français,
Parlant latin et javanais,
Ça n'existe pas, ça n'existe pas.
Eh! Pourquoi pas?

Robert DESNOS, *Chantefables et chantefleurs
à chanter sur n'importe quel air*, Paris,
Éditions Gründ, 1944. © Éditions Gründ, Paris

fin de la récréation
l'écolier retardataire
caresse un papillon blessé

cette fillette
que dit-elle à la chenille
sur son doigt

Carol LEBEL, *Petites éternités. Où nous passons*, Québec,
Le Loup de Gouttière, 1997.

Texte 26

Quand on est tortue...

Quand on est tortue,
On peut rentrer la tête
Sous sa carapace
Quand vient la pluie.

Alors, on peut rêver
à l'abri,
Et puis repartir
À petits pas
Jusqu'à l'herbe prochaine
Qu'on atteindra
Ce soir...
Demain...
Ou même un peu plus tard...

Pas de problème
De retard!
Quand on est tortue,
On a toujours le temps
De vivre lentement!

Anne-Marie CHAPOUTON, *Comptines pour enfants
bavards,* Paris, Les Éditions Flammarion, collection
Père Castor, 1998.

Texte 27

Voyage

Il a bien de la chance
l'escargot qui part en vacances.

Pas besoin de caravane ni d'auto:
il a sa maison sur le dos!

Lucie SPÈDE, Inédit, 1985.

Texte 28

Le mille-pattes
est en colère
et tire-lanli
et tire-lanlère
il vient
d'apprendre
à la télé
que les chaussures
vont augmenter.

Daniel BRUGÈS
Extrait de Jacques CHARPENTREAU, *Jouer avec les poètes : 200 poèmes-jeux inédits de 65 poètes contemporains*, Paris, Hachette Livre, collection Le Livre de Poche Jeunesse, 1999. © Hachette Livre

Texte 29

Le mille-pattes

Le mille-pattes
Ne se hâte
Pas.
Il
Craint de faire mille
Faux-pas.

Frédéric KIESEL
Extrait de Jacques CHARPENTREAU, *Mon premier livre de poèmes pour rire*, Paris, Les Éditions de L'Atelier, 1992.

Texte 30

La sauterelle

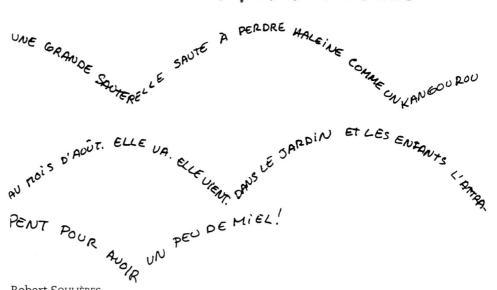

UNE GRANDE SAUTERELLE SAUTE À PERDRE HALEINE COMME UN KANGOUROU AU MOIS D'AOÛT. ELLE VA. ELLE VIENT. DANS LE JARDIN ET LES ENFANTS L'ATTRA-PENT POUR AVOIR UN PEU DE MIEL !

Robert SOULIÈRES
Extrait de Henriette MAJOR, *Avec des yeux d'enfant, La poésie québécoise présentée aux enfants*, Montréal, Éditions L'Hexagone VLB Éditeur, 2000. © Robert Soulières

Projet 6

D'hier à aujourd'hui

**Les petits objets
de la vie quotidienne**

 1. Les lunettes 216

 2. Le téléphone 217

 3. La montre 218

Des objets de la table

 4. La fourchette. 220

 5. Le couteau. 221

 6. La cuillère 222

 7. L'assiette. 222

**Les appareils utiles
dans une maison**

 8. Le réfrigérateur. 224

 9. La machine à laver 225

10. La machine à coudre. 226

Quelques moyens de transport

11. Le bateau 228

12. Le camion. 229

13. Le train 230

Les vêtements

14. Le pantalon 232

15. Les chaussures. 233

16. La cravate 234

17. Le t-shirt 235

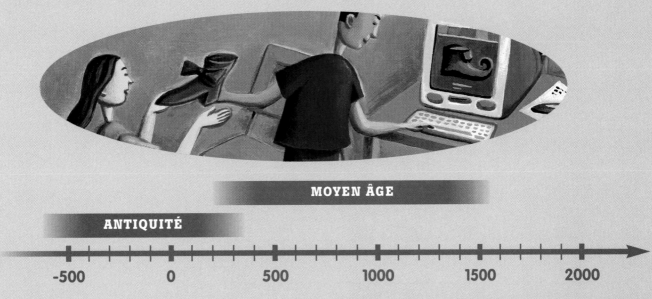

MOYEN ÂGE

ANTIQUITÉ

-500   0   500   1000   1500   2000

Texte 1

Les lunettes

Imaginez le monde sans lunettes : toute la vie en serait perturbée ! Des personnes de tous âges ont besoin de lunettes : pour lire, écrire, conduire, regarder un film, faire du vélo, etc.

Pourtant, les humains de l'Antiquité ne portaient pas de lunettes. Ils utilisaient des pierres transparentes pour grossir les objets qu'ils regardaient.

On situe l'invention des lunettes au 13e siècle, en Italie et en Chine. Ces premières lunettes ressemblent à deux loupes reliées par un clou. Elles permettent de mieux voir les objets proches. Elles sont plutôt encombrantes parce qu'il faut les tenir avec les mains.

Les premières lunettes sont faites d'une monture en bois fixée, au centre, par un clou.

Au 16e siècle, on invente des lunettes qui tiennent sur le nez comme un pince-nez ; on les appelle parfois des bésicles. Elles sont plus pratiques parce qu'on n'a pas besoin de les tenir, mais elles bloquent la respiration ! À la même époque, on découvre comment fabriquer des verres qui servent à mieux voir les objets éloignés. Puis, quelqu'un a la brillante idée d'utiliser des rubans ou des ficelles pour faire tenir les lunettes aux oreilles.

Bésicles du début du 17e siècle avec étui en bois sculpté.

Au 18e siècle, Benjamin Franklin invente les lentilles à double foyer. Cette découverte présente un grand avantage : avec une seule paire de lunettes, on peut voir aussi bien de près que de loin. Ces lunettes comportent deux sections : la section du haut pour voir de loin et celle du bas pour voir de près.

Avant d'avoir des branches, les lunettes ont connu toutes sortes de formes dont celle-ci, pour le moins originale.

Les lunettes que l'on connaît maintenant, soit avec des branches latérales accrochées aux oreilles, ne datent que du début du 20e siècle. Évidemment, les matériaux utilisés tant pour les lentilles que pour les montures ont considérablement évolué au cours des siècles !

Aujourd'hui, des millions de personnes portent des verres de contact, ces petites lentilles qui s'appliquent directement sur l'œil. De plus, les interventions au laser permettent de corriger la myopie. Avec ces nouvelles inventions, les lunettes sont-elles appelées à disparaître ?

Texte 2

Le téléphone

L'idée de transporter la voix a fait beaucoup de chemin depuis un peu plus d'un siècle. En effet, les téléphones modernes ne ressemblent plus du tout à l'appareil rudimentaire inventé par Alexander Graham Bell.

Premier téléphone conçu par Alexander Graham Bell. Le cornet sert à la fois à parler et à écouter. Pas très pratique !

À l'époque de monsieur Bell, soit vers 1876, c'est à peine si on entend les sons transmis par téléphone. Il faut crier dans le cornet pour se faire entendre ! De plus, on ne peut faire d'appels qu'à une distance très courte. Chaque téléphone est relié par un fil à une centrale. C'est là que la téléphoniste reçoit les appels et branche manuellement les fils pour établir la communication entre deux interlocuteurs. Elle écoute la conversation (mais oui !) de façon à pouvoir débrancher les fils quand celle-ci sera terminée... !

Au début, il faut actionner une manivelle pour obtenir la communication.

Les premiers appels interurbains sont effectués en 1884, entre Boston et New York (480 kilomètres !). Pour arriver à transporter la voix aussi loin, Alexander Graham Bell a l'idée de remplacer les fils de fer des poteaux de téléphone par des fils de cuivre, beaucoup plus performants.

À compter de 1928, on réussit à communiquer par téléphone avec des pays situés de l'autre côté de l'océan. La communication est transmise par ondes radio.

Ce téléphone-chandelier, qui date des années 1930, était muni d'un cadran permettant de composer soi-même le numéro ; c'était révolutionnaire à l'époque.

En 1956, on installe un câble téléphonique sous-marin pour remplacer la communication radio. Cette nouvelle technologie améliore grandement les télécommunications outre-mer.

Au cours des années qui suivent, tout évolue très vite : télécommunications par satellite en 1962, par fibres optiques à partir de 1966, par informatique en 1975…

Avec l'invention du télécopieur, du téléphone sans fil, du téléavertisseur, du téléphone cellulaire et du courrier électronique, Alexander Graham Bell ne s'y retrouverait plus !

Téléphone cellulaire.

Texte 3

La montre

Cadran solaire, sablier, bougie graduée… Au fil des siècles, les humains ont imaginé différents instruments pour mesurer le temps. Puis, au 12e siècle, ils ont créé des horloges qu'ils ont peu à peu perfectionnées.

La bougie graduée et le sablier permettaient de mesurer le temps.

C'est d'ailleurs en se basant sur le fonctionnement des horloges qu'un Allemand invente la montre en 1504. Il s'agit en fait d'une sorte d'horloge à ressort miniature. Au début, on la porte au cou attachée à une chaîne. Plus tard, on la glisse dans un gousset, c'est-à-dire la petite poche du gilet ou du pantalon. C'est la célèbre montre de poche !

Montre de gousset du 16e siècle ouverte, en cuivre.

En 1868, un Suisse simplifie le mécanisme des montres. Il invente le fameux « mouvement suisse » : exact, fiable et très résistant aux chocs. Le prix des montres devient alors plus abordable et un plus grand nombre de personnes peuvent se les offrir. À partir de ce moment, la Suisse devient le pays des horloges et des montres.

En 1954, la pile remplace le ressort. Il n'est désormais plus nécessaire de remonter chaque jour un ressort pour que la montre fonctionne.

Une nouvelle façon de présenter les chiffres dans le boîtier révolutionne l'industrie de la montre en 1971. Le cadran traditionnel muni d'aiguilles est remplacé par des chiffres qui indiquent l'heure, les minutes et les secondes. C'est la montre électronique numérique à quartz. Le quartz est une roche très dure. La montre à quartz fonctionne grâce à une lame de quartz qui vibre un nombre précis de fois chaque seconde.

Montre numérique à quartz.

Montres-chronomètres, montres lumineuses, montres-calculatrices, montres-réveils et montres ultra-techniques, comment un si petit objet peut-il effectuer autant de fonctions ?

La fourchette

Dans les pays occidentaux, il est généralement mal vu de manger avec ses doigts. Sauf, bien sûr, les sandwiches, les croustilles et le poulet rôti ! Mais il y a très, très longtemps, en France, tout le monde mangeait avec ses doigts.

Ainsi, au Moyen Âge, les grandes fourchettes à deux dents servaient uniquement à piquer et à servir la viande à partir des plats communs. On n'utilisait pas de fourchette pour manger. Pour porter les aliments à sa bouche, chaque convive utilisait ses doigts… ou son couteau !

Modèles de fourchettes de service très anciennes ; elles ressemblent à des fourches.

C'est le roi français Henri III qui découvre la fourchette de table lors d'un voyage en Italie, dans les années 1500. Il trouve bien commode de pouvoir porter la nourriture à sa bouche avec ce petit instrument : ça lui évite de salir l'immense collerette, ou fraise, qu'il porte autour du cou !

Progressivement, la fourchette entre dans les mœurs. Elle passe de deux, à trois, à quatre dents. Les voyageurs doivent cependant emporter leur fourchette avec eux parce qu'on n'en trouve pas encore dans toutes les auberges.

C'est vraiment vers 1660 que le roi Louis XIV, célèbre pour ses banquets extravagants, répand l'usage de la fourchette en France.

Certains peuples n'ont pas adopté la fourchette. C'est le cas des Chinois entre autres : ils ont préféré les baguettes, qu'ils manipulent avec une habileté remarquable.

Quelle fourchette dois-je prendre pour le plat principal, pour le dessert ? Tout un casse-tête que l'on ne connaissait pas il y a 500 ans… On utilisait ses doigts !

Aujourd'hui, on ne mange plus avec ses doigts. Enfin… presque plus ! On a d'ailleurs toute une variété de fourchettes à notre disposition : pour les fruits de mer, la fondue, le homard, les desserts, les plats principaux et les entrées. Il existe même des fourchettes miniatures pour les petits enfants !

Ronds, pointus, à dents…, les couteaux adoptent dorénavant les formes les plus variées.

Texte 5

Le couteau

Le couteau est, avec la hache, l'outil le plus ancien. En effet, les humains de la préhistoire utilisaient déjà une sorte de couteau pour la chasse.

Pendant la préhistoire, les couteaux étaient des morceaux de silex, de coquillages et d'os aiguisés avec une pierre. Ils ressemblaient davantage à une pointe de flèche géante qu'à nos couteaux modernes, entre autres parce qu'ils n'avaient pas de manche. Les hommes les employaient pour chasser les animaux. Ils les utilisaient aussi pour découper la viande et pour préparer les peaux avec lesquelles ils se couvraient.

Couteaux datant des années 1500.

Quand les humains ont découvert le bronze et le fer, ils ont utilisé ces métaux pour fabriquer leurs couteaux. Pendant longtemps, les couteaux ont été pointus parce qu'on s'en servait pour piquer la viande, puis la porter à sa bouche.

Dans les années 1600, c'est-à-dire des milliers d'années plus tard, les couteaux se sont arrondis parce qu'on a préféré utiliser les fourchettes pour manger. Certains prétendent que c'était aussi une manière d'éviter que les convives utilisent la pointe de leur couteau pour se curer les dents ! À cette époque, les manches des couteaux étaient faits de cristal, d'ivoire ou d'argent, si on était riche, et de bois ou d'os, si on était pauvre.

De nos jours, les couteaux sont très perfectionnés. Couteaux à pain, à viande, à huîtres, à fromage et à beurre : on emploie toute une panoplie de couteaux pour préparer les mets et pour les déguster.

Créé pour l'armée suisse il y a une centaine d'années, le couteau suisse est un véritable coffre à outils miniature.

Texte 6

La cuillère

En Occident, personne n'aurait l'idée de manger sa soupe avec autre chose qu'une cuillère! D'ailleurs, cet objet de table a existé bien avant la fourchette.

Pendant la préhistoire, les cuillères étaient faites de coquillages évidés. Ensuite, le bois et les os ont servi à les fabriquer. Elles ressemblaient alors davantage à de petits bols munis de tiges effilées qu'à des cuillères.

Quand les humains ont découvert les métaux, ils ont commencé à les fabriquer avec ces matériaux. La forme de cet ustensile s'est alors modifiée pour se rapprocher de celle que l'on connaît maintenant.

Dans l'Antiquité, les Égyptiens avaient un sens pratique remarquable. En effet, ils ont inventé des cuillères de bronze dont les manches, finis en pointe, pouvaient servir à extraire les escargots de leur coquille. Les cornes d'animaux ont également servi à la fabrication des cuillères anciennes.

Aujourd'hui, on dispose d'un vaste assortiment de cuillères pour servir les aliments ou pour manger: cuillères de bois, louches et cuillères à pots, cuillères à soupe, à dessert et à café... Sans oublier les cuillères à mesurer, pour être bien sûr de choisir la bonne quantité de sucre, de sel et de farine!

Texte 7

L'assiette

Savez-vous qu'à l'origine, le mot « assiette » désignait la place où était « assis » un convive?

Festin du 17e siècle. L'assiette est de plus en plus présente.

Des objets de la table

Dans l'Antiquité, on mangeait dans des assiettes plates ou creuses; elles étaient en terre cuite, en bois ou en métal. Par contre, les Égyptiens de cette époque n'avaient pas besoin d'assiette : ils servaient la nourriture dans des pains ronds, coupés en deux à l'horizontale, et ils terminaient leur repas en mangeant le pain, qui leur avait servi d'assiette.

Dégustation de couscous, dans un pays du Maghreb; on pige dans le plat principal et on mange avec ses doigts.

Assiette en porcelaine datant du 16e siècle.

À travers les siècles, les matériaux utilisés pour fabriquer les assiettes se sont diversifiés. L'argent, puis l'or, la faïence et la porcelaine, ont, dans certains cas, façonné de véritables œuvres d'art !

De nos jours, la manière d'utiliser l'assiette varie selon les pays. En Occident, l'assiette est une pièce essentielle du couvert. Dans certains pays d'Afrique, on pige dans le plat principal et on mange avec ses doigts. Au Moyen-Orient, des galettes plates, semblables à du pain pita, remplacent souvent l'assiette. En Extrême-Orient, on utilise presque uniquement les bols; par contre, des petites assiettes peuvent être employées pour recueillir les déchets de table.

Comme on peut le voir, si en Occident l'assiette est un élément essentiel au couvert, ailleurs, il en est tout autrement.

Texte 8

Le réfrigérateur

Le réfrigérateur, vous connaissez sûrement ? C'est cet appareil génial qui empêche les aliments périssables de se détériorer. Mais comment faisait-on pour garder la nourriture au frais avant l'invention du frigo ?

Nos ancêtres, il y a de cela très, très longtemps, conservaient les denrées périssables dans des trous profonds remplis de glace. La glace et la neige étaient ramassées en hiver, puis entassées dans ces trous et recouvertes de paille. Il semble que cette technique ait été en usage pendant plusieurs siècles là où le climat le permettait.

Plus près de nous, au 19e siècle et au début du 20e siècle, les familles nord-américaines conservaient les aliments en les déposant dans des glacières faites de bois et de métal. La glace était découpée en blocs sur les cours d'eau gelés, en hiver, et conservée sous la paille ou la sciure de bois dans d'immenses glacières. Elle était livrée à domicile, été comme hiver. On la déposait dans la partie inférieure de la glacière, et le froid qu'elle dégageait permettait de maintenir une température suffisamment basse pendant quelques jours.

La glacière permettait de conserver les aliments quelques jours.

Montréal, vers 1884. On s'affairait à couper la glace, puis à la transporter.

Tiroir à fruits, tiroir à légumes, thermostat pour conserver la viande, bac à glaçons… Les frigos de nos jours n'ont plus rien à voir avec la glacière de nos aïeuls.

Puis, un ingénieur allemand a inventé le premier réfrigérateur, en 1879. Il avait réussi à produire du froid en faisant circuler de l'ammoniac dans un tuyau en forme de serpentin. Vers le milieu des années 1930, le réfrigérateur a été doté d'un congélateur dans sa partie supérieure. À la même période, l'ammoniac a été remplacé par un autre gaz réfrigérant, le fréon.

Aujourd'hui, les réfrigérateurs sont munis de contrôles électroniques pour régler la température. Autre amélioration, les congélateurs ne produisent plus de givre, comme c'était le cas autrefois. Il n'est donc plus nécessaire de les déglacer régulièrement.

Grâce à cette merveilleuse invention, les aliments peuvent être réfrigérés, congelés et surgelés. Pour ce qui est des glacières, elles sont réservées aux activités de plein air !

Texte 9

La machine à laver

De tout temps, laver le linge a été une corvée. Heureusement, des machines de plus en plus perfectionnées ont été inventées pour alléger cette tâche ménagère éreintante !

Jusqu'à la fin du 19e siècle, la corvée du lavage se faisait à la main. Ainsi, il fallait puiser l'eau, la transporter, la chauffer, faire tremper le linge et le frotter à l'aide de la planche à laver et de brosses. On utilisait alors des produits nettoyants très irritants pour les mains.

À la fin du 19e siècle, on a créé des machines rudimentaires qui remplaçaient une partie du travail manuel. Ces appareils comprenaient, entre autres, une cuve, dans laquelle on lavait le linge, et une essoreuse. Grâce à cet équipement,

Machine à laver fabriquée vers 1927. L'essorage ne se fait pas dans la cuve : il faut soi-même passer le linge entre les deux rouleaux de l'essoreuse.

On frottait le linge souillé sur une planche à laver. On pouvait aussi exercer des pressions sur le linge avec un fouloir pour déloger la saleté. La cuve en métal servait au trempage et au lavage.

il n'était plus nécessaire d'essorer le linge mouillé à la main : on le pressait entre deux rouleaux actionnés par une manivelle.

Les premières machines électriques datent du début du 20e siècle. Elles ressemblent beaucoup aux machines manuelles, sauf qu'elles sont en métal et fonctionnent sans qu'on ait à utiliser la force physique. Cependant, il faut encore introduire le linge mouillé entre les rouleaux de l'essoreuse, même si les rouleaux tournent sans qu'on ait à actionner le mécanisme.

Machine à laver automatique. Il suffit de peser sur le bon bouton, d'ajouter un peu de savon à lessive, et le tour est joué !

Vers les années 1940, les lessiveuses adoptent la forme cubique qu'on leur connaît. Ces lessiveuses sont automatiques, c'est-à-dire que le linge est lavé, rincé et essoré automatiquement, et tout cela se fait dans la même cuve.

De nos jours, la lessive se fait presque toute seule : il suffit d'appuyer sur le bon bouton ! Malheureusement, on n'a pas encore inventé le robot qui pourra trier le linge, le déposer dans la machine, le faire sécher, le repasser, le plier et, pourquoi pas, le ranger !

Texte 10
La machine à coudre

L'invention de la machine à coudre a vraiment marqué une ère nouvelle dans le monde de la couture. Notamment, elle a permis de confectionner les vêtements beaucoup plus rapidement.

Couseuse inventée par Thimonnier en 1830.

Les appareils utiles dans une maison

Bien avant l'arrivée de cette petite merveille, on cousait les vêtements à la main, à l'aide d'aiguilles fabriquées à partir d'une arête de poisson ou d'une fine tige de bois. L'aiguille de métal n'est apparue que vers 1350.

Les premières machines à coudre fonctionnent à manivelle ou à pédale.

En 1830, Barthélémy Thimonnier, un tailleur français, invente la machine à coudre. Son appareil, presque entièrement en bois, réussit à effectuer mécaniquement le point de chaînette que les ouvrières faisaient à la main.

C'est en 1851, aux États-Unis, que les premiers modèles des célèbres machines à coudre de marque Singer sont mis sur le marché. La machine a fière allure; elle est déposée sur une base en métal noir et munie d'une large pédale. Pour la faire fonctionner, on pose le pied sur la pédale en faisant un mouvement de va-et-vient ou encore, on tourne une manivelle.

À compter de 1889, les machines à coudre commencent à fonctionner à l'électricité. Au fil des années, elles prennent une apparence de plus en plus moderne et s'améliorent sans cesse.

Aujourd'hui, elles peuvent faire des milliers de points à la minute : des points zigzag, des points droits, des points de broderie, des boutonnières, etc.

Les machines modernes sont informatisées; les modèles courants peuvent faire environ 1000 points à la minute.

Texte 11

Le bateau

Quel plaisir d'observer, à partir de la rive, les cargos qui descendent et remontent le fleuve Saint-Laurent. Ces grands navires transportent des marchandises provenant de toutes les régions du monde : pétrole, minerai, céréales, etc. Ou encore, ils exportent vers les différents continents des produits de notre pays. Le commerce maritime a commencé il y a très longtemps.

Les marins égyptiens avaient découvert que le vent pouvait faire avancer un bateau muni de voiles.

Dès l'Antiquité, il y eut les voiliers. En effet, on avait découvert que le vent pouvait faire avancer un bateau. Il suffisait de le capter dans une voile fixée à un mât sur le navire. Quand le vent ne soufflait pas, ou soufflait faiblement, on utilisait des rames. Les pays les plus puissants étaient ceux qui avaient les meilleurs bateaux. Galère romaine, drakkar viking, caravelle portugaise…, tous ces voiliers servaient à conquérir le monde et à transporter ses richesses.

Le *H.M.S. Crescent* vers 1898. À noter la fumée noire causée par la combustion du charbon.

Au 19e siècle, les bateaux à vapeur remplacent peu à peu les voiliers. Cela permet de ne plus avoir à tenir compte du vent. Pour obtenir de la vapeur, on faisait bouillir de grandes quantités d'eau dans une chaudière en utilisant du charbon comme combustible. L'énergie dégagée par la vapeur actionnait une machine qui faisait tourner une roue à aubes. Cette roue faisait avancer le navire. La roue à aubes a été progressivement remplacée par l'hélice.

Aujourd'hui, les pétroliers, minéraliers, céréaliers et porte-conteneurs modernes sont équipés de moteurs puissants. Ils fonctionnent à l'essence, au diesel ou même à l'énergie nucléaire.

Les navires font équipe avec les trains et les camions pour assurer le transport des marchandises à travers toute la planète.

Le pétrolier est équipé pour transporter de très grandes quantités de pétrole.

Mais, avant d'inventer les camions, il a d'abord fallu inventer la roue. La roue a permis de fabriquer des charrettes. Tirées par des bœufs, puis par des chevaux, elles pouvaient transporter les marchandises de la campagne à la ville, d'une ville à une autre et du port à un magasin ou à un entrepôt.

Au 19e siècle, on a commencé à voir circuler des véhicules équipés de moteurs à vapeur. Avec leur cheminée sifflante et leurs roues en fonte, ces « monstres

Texte 12

Le camion

Énormes, puissants et bruyants, les camions sont les rois de la route. Leur forme et leur dimension varient selon ce qu'ils transportent: camions-citernes pour les liquides comme le lait et le mazout; camions à benne pour les solides comme la terre et le gravier; camions à remorque pour les marchandises diverses; camions réfrigérés pour les aliments périssables…

Camion à vapeur, 1930. Les roues sont rigides. Les véhicules équipés de moteurs à vapeur faisaient un bruit d'enfer.

pétaradants » terrifiaient les chevaux. Aux États-Unis, à la fin du 19e siècle, Henry Ford fut l'un des premiers à construire un camion doté d'un moteur à essence. Puis, en 1923, des camions à moteur diesel ont été mis sur le marché.

De véritables caravanes de camions à remorque sillonnent les routes.

Au cours du 20e siècle, les moteurs, les carrosseries, les pièces d'équipement et le confort des camions se sont sans cesse améliorés. L'industrie du camionnage est devenue une activité économique des plus importantes, surclassant même le transport par train.

Résultat ? On a vu les routes se multiplier. Les petites routes de gravier ont vite cédé la place aux grandes routes asphaltées, puis aux autoroutes à deux et à trois voies. Le développement du réseau routier a transformé les paysages…

Texte 13

Le train

Un long convoi tiré par deux locomotives s'étire sur la voie ferrée. Les wagons défilent sans arrêt faisant vibrer la terre et les maisons. C'est un train de marchandises. Certains trains viennent de l'autre bout du Canada, d'autres, des États-Unis.

Locomotive à vapeur construite en 1808.

En fait, le train a été inventé après les voies ferrées. Ainsi, dans les mines, au 19e siècle, des chevaux tiraient des chariots de minerais qui glissaient sur

Quelques moyens de transport

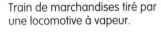

Train de marchandises tiré par
une locomotive à vapeur.

Au cours du 20e siècle, on a vu apparaître les locomotives électriques et les locomotives à moteur diesel. Des trains ultrarapides ont aussi été mis en service, comme le célèbre train à grande vitesse (TGV) français, inauguré en 1981. Aujourd'hui, des ordinateurs contribuent à régler les systèmes de commande des locomotives.

Quant aux locomotives à vapeur, on peut désormais les voir dans les musées. Certaines régions offrent également aux touristes la possibilité de faire un court voyage dans un train tiré par une locomotive à vapeur, comme à la belle époque!

des rails. Vers 1812, on a remplacé les chevaux par des locomotives à vapeur. On s'était aperçu que ces locomotives étaient bien plus puissantes que les chevaux!

Le premier train de marchandises, tiré par une locomotive à vapeur, a été mis en service en Angleterre, en 1825. Bientôt, des voies ferrées ont été construites dans tous les pays. Au Canada et aux États-Unis, des villes ont poussé le long des voies ferrées. Grâce au train, ces grands pays ont pu se développer d'un océan à l'autre!

Les trains à grande vitesse (TGV) peuvent atteindre des vitesses incroyables; le TGV français détient le record, soit 515,3 km/h!

Texte 14

Le pantalon

C'est un personnage de théâtre italien appelé Pantalon qui a donné son nom à ce vêtement, il y a environ 500 ans. En effet, ce vieillard au nez crochu portait un costume, original pour l'époque, composé, notamment, d'une espèce de « culotte » longue ! Mais ce vêtement existait bien avant…

Déjà dans l'Antiquité, les hommes qui voyageaient à cheval portaient une sorte de pantalon ample et des plus confortables qu'on appelait des braies.

Chausses.

Braies.

Plus tard, au Moyen Âge, les hommes se vêtaient à la manière de Robin des Bois. Ils portaient une espèce de pantalon très moulant, des chausses, sur lequel retombait une tunique.

Au 17e siècle, les hommes ont commencé à délaisser les chausses pour la culotte. Celle-ci était portée courte, boutonnée aux genoux. Elle a été remplacée par le pantalon vers 1830.

Début des années 1950. Les femmes portent surtout le pantalon pour faire du sport.

Au 20ᵉ siècle, les femmes ont commencé, elles aussi, à porter le pantalon ; ce vêtement avait été jusque-là réservé aux hommes. Elles voulaient ainsi montrer qu'elles étaient égales aux hommes. Par contre, ailleurs dans le monde, en Chine par exemple, les deux sexes portent le pantalon.

De nos jours, hommes et femmes portent des pantalons sans problèmes. Il y en a d'ailleurs de toutes les formes, de toutes les longueurs et pour tous les types d'activités. C'est une question de mode !

Texte 15

Les chaussures

On porte des chaussures différentes selon le travail, le loisir ou le sport que l'on pratique, et selon la saison, bien sûr !

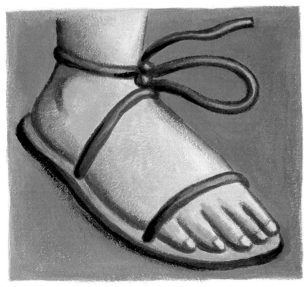

Les Romains de l'Antiquité portaient des sandales : simple semelle de cuir fixée à la jambe par des lanières.

Au début de l'humanité, pour protéger leurs pieds du froid, les humains se couvraient les pieds de peaux d'animaux qu'ils attachaient autour de leurs chevilles. Les Égyptiens de l'Antiquité, qui vivaient dans un pays chaud, portaient des sandales rudimentaires. Elles étaient composées d'une semelle de cuir ou de papyrus, retenue à la cheville et aux orteils par une lanière de cuir.

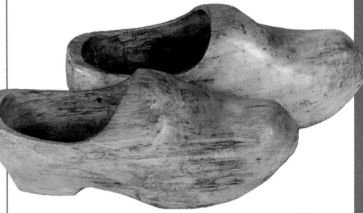

Les paysans européens ont longtemps porté des sabots faits entièrement de bois. Cette chaussure est devenue un symbole de la Hollande.

Au cours des siècles, pour éviter d'avoir les pieds mouillés, on a créé les semelles de bois ; celles-ci isolaient le pied de l'eau et de la boue. Puis, on a ajouté des talons aux chaussures.

Aux 17ᵉ et 18ᵉ siècles, les souliers des hommes avaient des talons hauts et des boucles. (Aujourd'hui, on aurait plutôt tendance à associer ces fantaisies aux souliers féminins !) Les souliers étaient faits de cuir, mais aussi de tissus précieux comme la soie, le brocart et le velours, surtout chez les riches, bien sûr !

On prétend que Louis XIV, roi de France de 1643 à 1715, aurait favorisé la mode des talons hauts pour paraître plus grand.

De nos jours, on utilise toujours le cuir mais aussi des matériaux synthétiques, comme le plastique. D'ailleurs, des chaussures, il y en a maintenant pour tous les goûts. Talons hauts ou plats, bouts pointus ou carrés, souliers de marche ou espadrilles… On a l'embarras du choix !

Texte 16

La cravate

La cravate a toujours été une façon d'afficher son rang social. À travers l'histoire, elle a pris diverses formes. Mais d'où vient donc cette habitude masculine de porter un tissu noué autour du cou ?

Si certains trouvent la cravate inconfortable, que penser de la fraise qui était à la mode au 16e siècle ?

Dans l'Antiquité, les Romains se protégeaient du froid en nouant un foulard de soie ou de laine sur leur gorge : le *focalium*. À l'autre bout du monde, à la même époque, des Chinois portaient un nœud de soie autour du cou. Ce sont là les ancêtres de la cravate.

Au 17e siècle, le roi français Louis XIV montrait sa richesse en exhibant des cravates sophistiquées. Elles étaient souvent faites de dentelle. Ce roi fantaisiste répandit la mode de la cravate, comme bien d'autres modes d'ailleurs !

La cravate telle que nous la connaissons est apparue au début du 20e siècle. C'est la cravate régate. Le nœud papillon date de la même époque. La cravate fait désormais partie intégrante du costume de l'homme. Il y a bien à l'occasion quelques tentatives de la faire porter aux femmes, mais, avouons-le, sans grand succès.

De nos jours, on trouve des cravates de tous les genres. Cravates étroites et cravates larges ; couleurs criardes et teintes sobres ; tissus unis et imprimés, à rayures, à pois et à carreaux… On peut même acheter une cravate à l'effigie de son personnage de bande dessinée préféré !

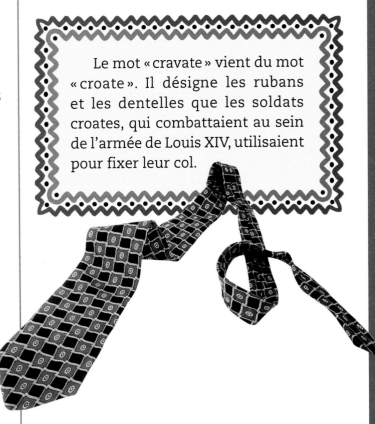

Le mot « cravate » vient du mot « croate ». Il désigne les rubans et les dentelles que les soldats croates, qui combattaient au sein de l'armée de Louis XIV, utilisaient pour fixer leur col.

Texte 17

Le t-shirt

Connaissez-vous l'origine du mot « t-shirt » ? De l'anglais, bien sûr, mais encore… Il vient de la forme en T que prend le vêtement lorsqu'on l'étend bien à plat.

Le t-shirt a été créé vers 1850. C'était un sous-vêtement de coton pour homme. Il était porté par les paysans et les ouvriers. Les soldats de la marine américaine le portaient aussi sous leur chemise.

Marlon Brando dans la vingtaine. Il a contribué à populariser le t-shirt.

À partir des années 1920, aux États-Unis, le t-shirt a cessé d'être un sous-vêtement. Notamment, il a commencé à être porté par les membres des équipes sportives des grandes universités américaines. En 1939, on a même créé des t-shirts pour faire la publicité du film *Le magicien d'Oz*. Puis, à peu près à la même période, soit pendant la Deuxième Guerre mondiale, les soldats américains l'ont fait connaître en Europe.

Mais le t-shirt est vraiment devenu populaire en 1957, grâce au film *Un tramway nommé désir*. Dans ce film,

le héros, joué par Marlon Brando, portait toujours des t-shirts. Une autre idole du cinéma américain des années 1950, James Dean, a contribué à la gloire du t-shirt. À partir de ce moment-là, tous les jeunes hommes, imitant leurs idoles, adoptent ce vêtement des plus confortables.

Comme les jeans, le t-shirt est devenu le vêtement préféré des jeunes, filles et garçons. On le porte désormais très, très grand ou encore très, très ajusté, mais il est presque toujours fait de coton.

James Dean, idole des années 1950.

Le procès de Maître Renard

1. Le lion affamé et le renard prudent 238

2. Comment les renards se moquèrent
des loups 240

3. Le renard puni de ses mauvais tours 243

4. Des traces sur la neige 246

5. Isengrin le loup 250

6. Fantastique Maître Renard 252

Le lion affamé et le renard prudent

Le lion devenait vieux, trop vieux pour chasser. Alors, puisqu'il n'était plus assez alerte pour se procurer sa nourriture de vive force, il décida de l'obtenir par la ruse. Il fit savoir qu'il allait bien mal et qu'il espérait que tous les animaux viendraient lui rendre visite avant sa mort.

La première visiteuse fut une brebis.

«Comment vous trouvez-vous aujourd'hui? demanda-t-elle.

— Pas trop bien, répondit le lion, mais votre visite me fait grand plaisir.»

Un veau se rendit à l'antre du lion et n'en sortit pas. Puis une chèvre vint présenter ses hommages. Après elle, arrivèrent un daim, un âne et un couple de lapins. Après chaque visite, le lion se sentait mieux; il se léchait les lèvres. Tous les animaux des champs et des bois se rendirent à l'antre royal. Tous, sauf un: l'absence du renard agaçait le lion; il lui envoya donc un mot le sommant de venir.

Le renard vint, mais il resta en dehors du repaire du lion. Arrêté à quelques pieds de l'entrée, il dit:

«J'espère que Votre Majesté se sent mieux maintenant qu'elle a reçu de si nombreux visiteurs.

— Un peu mieux peut-être, dit le lion, mais j'ai aussi ressenti votre absence. Enfin, je ne veux pas me plaindre, maintenant que vous êtes là. Entrez et venez me souhaiter prompte guérison.

— Je vous souhaite toute la santé du monde, répondit le renard, mais je vous la souhaite d'ici. Je préfère ne pas approcher de trop près.

— Pourquoi? dit le lion de son plus doux ron-ron, les autres sont entrés pour être près de moi.

— Je le sais, dit le renard, et je sais aussi autre chose. Je constate que toutes les empreintes de leurs pas sont en direction de votre antre, mais qu'aucune n'indique qu'ils en sont sortis. Quand l'un de vos visiteurs sortira, moi, j'entrerai: pas avant. Sur ce, portez-vous bien — et moi aussi.»

Soyez prudent, laissez l'adresse à qui en est capable.

Extrait de *Les fables d'Ésope*, choisies et adaptées par L. UNTERMAYER, Paris, Éditions des Deux Coqs d'Or, 1966. © Éditions des Deux Coqs d'Or

Comment les renards se moquèrent des loups

Mère renarde avait mis au monde ses petits et père renard avait fort à faire pour assurer la nourriture de la famille.

Il y passait tout son temps mais ses prises étaient minables. Il ne s'accordait à lui-même que l'indispensable afin que la famille ne souffrît point de la faim. Un jour qu'il cherchait de quoi se mettre sous la dent, lui vint au nez une odeur inhabituelle. Si je ne me trompe, ça sentirait le phoque, se dit-il. Mais quand il se mit, le museau à ras de terre, à chercher le trou dans la glace où les phoques venaient respirer, l'odeur disparut. Le renard parcourut tous les environs mais ne vit pas de phoques. Seulement il sentait toujours cette odeur affriolante.

« Je suis complètement perdu, dit-il à la renarde quand il fut rentré. J'ai senti partout une odeur de phoque et j'ai eu beau chercher, pas trace de phoques. »

« Aujourd'hui, il est trop tard, décida la renarde, mais demain nous irons là-bas tous ensemble. »

À l'aube, la renarde réveilla ses petits et toute la famille se mit en route.

«Sens-tu?» dit le renard quand ils arrivèrent à l'endroit où, la veille, il avait cherché en vain.

La renarde huma l'air, il lui sembla, à elle aussi, sentir une odeur de phoque.

Ils se mirent tous deux à fureter et ils découvrirent bientôt d'où provenait l'odeur. Un peu plus loin, il y avait une baleine prise dans les glaces.

Les renards n'en pouvaient croire leurs yeux! Tant de nourriture, tant de viande! Ils ne balancèrent point et mordirent à belles dents dans la baleine et s'installèrent dans la carcasse. Du coup, le renard n'avait plus de soucis. Il n'avait plus à courir et à chercher partout. Ils pouvaient manger à satiété, ils n'avaient qu'à tendre le cou. Les provisions ne risquaient pas de manquer. C'était merveilleux!

Mais ces heureux temps faillirent ne pas durer. Un jour que le renard avait mis le nez hors de sa baleine, il vit venir à l'horizon une horde de loups.

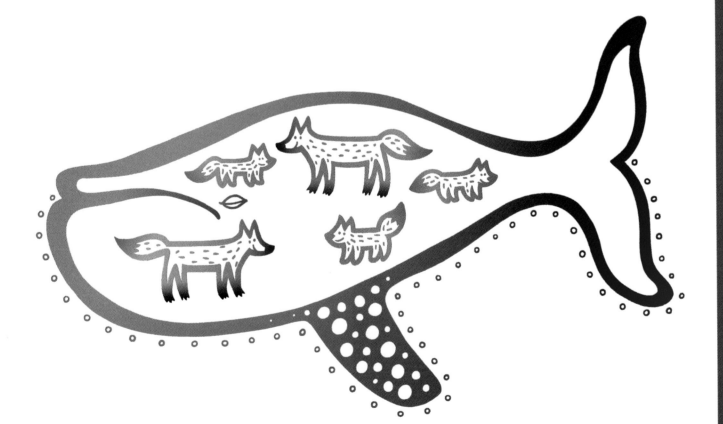

«Qu'allons-nous faire ! s'exclama-t-il, effrayé. Les loups ont sûrement senti l'odeur de la baleine et vont vouloir s'y installer aussi. »

«Attends, il faut trouver quelque chose, répondit la renarde qui se creusait la tête. Ça y est, j'ai une idée ! Vite, les enfants, sortez de là. Nous allons faire semblant d'être poursuivis par des chasseurs. »

Et la famille des renards se précipita à la rencontre des loups.

«Qu'est-ce qui se passe ? Où courez-vous ? » demandèrent les loups.

«Les chasseurs sont sur nos talons ! »

En entendant cela, les loups ne firent ni une, ni deux et disparurent au loin. Quand ils furent hors de vue, les renards s'en retournèrent et se réinstallèrent dans leur baleine-garde-manger.

Et il est fort possible qu'ils y soient encore, occupés à festoyer !

Extrait de Jan SUCHL, *Contes esquimaux*, adaptation française de Jean et Renée Karel, Paris, Éditions Gründ, 1985. © Éditions Gründ

Le renard puni de ses mauvais tours

Maître Renard avait joué tant de mauvais tours à tous les autres animaux que tous le détestaient. Le singe non plus ne le portait pas dans son cœur et, dès qu'il avait le temps d'y songer, il cherchait le moyen de lui faire payer ses malices.

Il y réfléchissait si souvent et si profondément qu'il lui vint sur le front ces rides qu'on peut encore y voir.

Un jour donc, le singe vit le cheval qui, dans son pré, dormait profondément. Il était confortablement étendu dans l'herbe épaisse et sa longue queue s'étalait au soleil. Cette superbe queue donna au singe une idée plaisante.

Il descendit de son arbre et alla réveiller le lièvre qui, à quelques pas de là, faisait sa sieste quotidienne, caché dans les fourrés :

« Lève-toi, lièvre, et viens-t'en avec moi. Nous allons enfin tirer vengeance de Maître Renard. »

Et il expliqua son dessein qui plut fort au lièvre :

« Allons-y, singe mon ami. Ce rusé coquin recevra la leçon qu'il mérite ! »

Et ils s'en furent de compagnie au repaire du renard.

« Sais-tu, compère, quelle est la meilleure des viandes ? » lui demanda le singe.

« Par ma foi, non, répondit le renard, l'œil étincelant. Qu'est-ce ? Dis-moi ! »

« Hé bien, c'est le gigot de cheval, répondit le singe. Mais il n'y a qu'une seule façon d'y goûter. Le mieux est de lier sa propre queue à celle du cheval. »

Cette pratique n'était pas du goût du renard qui demanda :

« Et pourquoi faudrait-il m'attacher à la queue de cet animal ? »

« Parce que, reprit doctement le singe, autrement le cheval se secouerait et te jetterait à bas avant que tu n'aies pu tenter le premier coup de dent. »

« Cela semble juste, opina le renard. Hé bien, je vais encore y réfléchir. »

Il s'éloigna feignant de se soucier peu de goûter ou non au gigot de cheval. Mais ce n'était qu'apparence. Il se cacha dans les fourrés, puis prit sa course, se dirigeant droit vers le pré où reposait le cheval.

Le singe et le lièvre le suivirent doucement afin de jouir du spectacle et ils ne furent pas déçus. Le renard avait vraiment envie de tâter du gigot de cheval. Il s'approcha tout doucement du cheval endormi, tressa bien soigneusement sa queue aux crins de l'animal puis lui sauta sur le dos.

Mais il fut loin de se régaler comme il se l'était promis. Le cheval, réveillé du coup, se dressa sur ses quatre pattes, secoua le cavalier importun et partit au galop. Le renard, lié à la queue, rebondissait sur le sol et ce fut miracle qu'il ne se rompît pas la tête sur les pierres du chemin.

Le singe, grimpé au plus haut d'un arbre, riait à gorge déployée et rit tellement qu'il tomba et se râpa le poil. C'est depuis ce jour-là que les singes ont l'arrière-train sans poils et tout rouge.

Le lièvre, lui, rit à s'en rendre malade !

Mais le plus mal en point, c'était Maître Renard. Quand il réussit enfin à démêler sa queue de celle du cheval, il était plus qu'à moitié mort et il ne renouvela plus jamais ce dangereux assemblage. Quant au cheval, depuis ce jour, il n'aime plus s'étendre dans l'herbe. Même quand il est très fatigué, il préfère dormir debout.

Extrait de Alena BENEŠOVÀ. *Les plus belles histoires d'animaux*, adaptation française de Jean et Renée Karel, Paris, Éditions Gründ, 1981. © Éditions Gründ

Moun la renarde était partie chasser dans la nuit glacée. Cachée dans les branches sur le bord du lac, elle attendait sa proie…

Des traces sur la neige

Maintenant, le cœur léger, elle regagnait le terrier où elle avait abandonné Mina, sa petite, les yeux malades de faim et de fièvre. Le colvert qu'elle portait dans sa gueule, encore tout chaud de vie, perdait quelques gouttes de sang, taches rouges sur la neige blanche…

[…]

Moun dévalait l'éboulis de roches de l'ancienne carrière. Là, au creux d'un buisson d'épines, se cachait l'entrée principale du terrier.

Elle s'y glissa en silence et déposa sa proie dans la salle aux provisions.

Soudain, elle s'arrêta.

Le museau levé, elle humait l'obscurité moite du terrier. Elle se précipita dans la grande salle. Mina ! Moun poussa un cri et, le cœur battant, regagna l'air libre.

Elle inspecta la carrière. Là ! Des traces ! Mina avait pris la direction du ruisseau. Moun se lança sur la piste tracée dans la poudreuse.

[…]

Moun filait, silencieuse, sur la piste toute fraîche. Elle ne sentait plus le froid. Ni la faim qui lui tiraillait le ventre.

Elle pensait à Mina, revenue quelques jours plus tôt au terrier natal, maigre et brûlante de fièvre. Et dans son cœur de bête, elle éprouvait comme une déchirure. Le pressentiment d'un danger. Elle poussa un faible glapissement et tendit l'oreille, attentive... Un paquet de neige croula d'une branche et la fit sursauter. Elle repartit.

[...]

Moun, ventre à terre, passa le pont de bois qui enjambait le ruisseau.

L'odeur de Mina était maintenant très forte et, à mesure qu'elle approchait, Moun sentait la peur lui nouer la gorge. Elle traversa comme une flèche la route de Chanteloup et dévala la pente vers le moulin. Soudain, elle perçut la voix de Mina et elle s'arrêta, inquiète.

Quelque chose, dans le cri de sa petite, lui recommandait la prudence. Elle se glissa dans le fossé.

[...]

Moun progressait en silence, tous les sens en éveil. Soudain, elle aperçut Mina et elle se sentit défaillir. La patte prise dans les terribles mâchoires d'un piège, la jeune renarde poussait des cris plaintifs. Moun n'osait pas approcher.

Le cœur battant, partagée entre la crainte et l'envie de secourir son enfant blessé, elle tournait autour de Mina, folle d'amour et de détresse.

Enfin, elle vint se coller contre sa petite. Elle lui lécha le museau et Mina se blottit contre elle, les yeux brillants de peur et de douleur.

Le sang qui coulait de sa patte déchirée faisait une large tache rouge sur la neige.

Tout à coup, Moun se figea. Elle venait de distinguer, dans le vent glacé, la puissante odeur de l'homme.

Aussitôt, elle pensa à Gus, l'ennemi de toujours. Gus qui, l'automne dernier, avait massacré Mô, son compagnon. Et une lueur de haine et de peur enflamma son regard.

Mina pleurait en tirant sur sa patte blessée. Les dents du piège, plantées dans la chair, étaient comme une brûlure.

Moun jappa. L'homme approchait. Son odeur puante lui soulevait le cœur.

Alors, ivre de rage, elle se jeta sur la patte de Mina et, de ses crocs, entailla la chair vivante. Mina hurlait. Moun, la gueule pleine de sang, poussait des grognements sourds, comme des pleurs. D'un violent coup de dents, elle broya l'os qui éclata comme du bois sec.

Mina roula dans la neige, se releva et tomba à nouveau, avec un hurlement de douleur.

Moun se précipita sur elle, et, du museau, la força à se relever et l'entraîna vers le bois. Mina tombait sans cesse. Et chaque fois, Moun était contre elle, l'encourageant de la voix. Alors elles repartaient, toutes blanches de neige, avant de s'écrouler encore.

Quand elles pénétrèrent dans le bois, Moun se retourna. Au fond de la prairie, Gus apparut. Alors, le cou tendu vers le ciel, Moun glapit toute sa haine, en une longue plainte emportée par le vent.

[…]

Au creux du terrier, Mina, comme un enfant malade, gémissait en dormant.

Moun replia sur elle le doux panache de sa queue. Elle poussa un long soupir et ferma les yeux.

Des flocons de neige voltigeaient dans l'air sec. Là-bas, près du ruisseau, ils recouvraient une large tache de sang, toute rouge sur la neige blanche…

Jean-Marie ROBILLARD, *Des traces sur la neige*, Paris, Castor Poche Flammarion, 1989.

C'est l'hiver et Isengrin le loup est affamé. Il suit Renart qui, prétend-il, sait où et comment pêcher des anguilles. Dans ce récit, le personnage de Renard s'appelle « Renart ».

Isengrin le loup

Ils traversent le bois, une vallée, suivent un ruisseau, et ils arrivent bientôt devant un étang gelé.

— Il y en a des milliers là-dedans ! Des milliers ! Il n'y a qu'à les pêcher !

— Mais… Et la glace ?

— Je vais m'en occuper !

— J'entends bien… Mais vous avez dit « pêcher » ? Mais comment ?

Renart cherche autour de lui… Et il voit un seau, qu'on avait laissé là, sur le bord. Il trouve une corde, à une clôture, revient, et attache le seau à la queue d'Isengrin qui proteste :

— Hé là ! Qu'est-ce que vous faites ?

— Ah, calmez-vous mon ami ! Ou alors, débrouillez-vous !

— …

Renart court chercher une grosse pierre, il revient, et la jette au milieu de l'étang… CROUFF ! La glace s'ouvre et laisse un trou suffisant.

— Voilà ! Tout est prêt ! Allons-y !

Isengrin ne comprend rien. Renart le conduit au milieu de l'étang, jusqu'au trou. Il trempe le seau dans l'eau glacée et lui dit :

— Ne bougez plus. Mais plus du tout ! Les poissons vont venir dans le seau, et quand il sera plein, vous n'aurez plus qu'à le tirer dehors.

— BROU ! L'eau est glacée !

— Chut ! Écoutez mon ami ! Pour la pêche, il faut avoir trois qualités : la patience, la patience… et la patience ! Moi, je vais surveiller et je vous dirai quand vous pourrez tirer.

Le soir tombe… Isengrin demande s'il peut tirer, mais Renart dit :

— Attendez encore ! j'en vois dix petits, dix tout petits qui s'approchent… Ne bougez pas !

Les étoiles s'allument…

— Ne bougez pas ! Il y en a une grosse qui veut entrer dans le seau ! Surtout ne bougez pas !

La lune est en haut maintenant… Et la glace s'est refermée…

— Sauve qui peut ! Sauve qui peut ! Des chiens ! J'entends des chiens ! Vite Isengrin, sauvez-vous ! Sauvez-vous !

— Où ça, où ça ? Des chiens ?

Isengrin tire, tire, mais évidemment rien ne vient !

— Où ça ? Mais aidez-moi ! Ah ! Qu'est-ce que c'est lourd !

Alors il tire, il tire encore, mais rien ne vient ! Alors il tire de toutes ses forces, et enfin ses pattes glissent sur la glace et dérapent et le font tournoyer, tournoyer… Mais la brûlure ! la brûlure l'inquiète ! Il se retourne : sa queue était restée là-bas… Au milieu de l'étang !

Mais Renart était déjà loin…

Il était en route vers son pays,

vers Maupertuis…

Et le conte est fini.

Michel HINDENOCH, *Isengrin le loup*, Paris, Vif Argent, 1991.

Fantastique Maître Renard

« Alors, mon amie, demanda Maître Renard, que voudras-tu pour dîner ?

— Eh bien, ce soir, ce sera du canard, répondit Dame Renard. Veux-tu bien nous rapporter deux canards dodus, un pour toi et moi, un pour les enfants ?

— Va pour des canards ! dit Maître Renard. Chez Bunce, c'est le mieux !

— Fais bien attention, dit Dame Renard.

— Mon amie, je peux sentir ces crétins à un kilomètre, dit Maître Renard. J'arrive même à les reconnaître chacun à leur odeur. Boggis dégage une odeur répugnante de poulet avarié. Bunce empeste les foies d'oies. Quant à Bean, des relents de cidre flottent dans son sillage comme des gaz toxiques.

— Oui, mais sois prudent, dit Dame Renard. Tu sais qu'ils t'attendent, tous les trois.

— Ne t'inquiète pas pour moi, dit Maître Renard. À bientôt ! »

Maître Renard n'aurait pas été si sûr de lui s'il avait su exactement où l'attendaient les trois fermiers, à l'instant même. Ils se trouvaient juste devant l'entrée du terrier, chacun tapi derrière un arbre, le fusil chargé. Et, de plus, ils avaient très soigneusement choisi leur place, après s'être assurés que le vent ne soufflait pas vers le terrier, mais en sens contraire. Ils ne risquaient pas d'être trahis par leur odeur.

Maître Renard grimpa le tunnel obscur jusqu'à l'entrée de son terrier. Son beau museau pointu surgit dans la nuit sombre et il se mit à flairer.

Il avança d'un centimètre ou deux et s'arrêta.

Il flaira une autre fois. Il était toujours particulièrement prudent en sortant de son trou.

Il avança d'un autre centimètre. Il était à moitié sorti, maintenant.

Sa truffe frémissait de tous côtés, humant, flairant le danger.

Sans résultat. Au moment même où il allait filer au trot dans le bois, il entendit ou crut entendre un petit bruit, comme si quelqu'un avait bougé le pied, très, très doucement sur un tapis de feuilles mortes.

Maître Renard s'aplatit par terre et s'immobilisa, oreilles dressées. Il attendit un long moment, mais on n'entendait plus rien.

« Ce devait être un rat des champs, se dit-il, ou une autre petite bête. »

Il se glissa un peu plus hors du trou… puis encore un peu plus. Il était presque tout à fait dehors, maintenant. Il regarda attentivement autour de lui, une dernière fois. Le bois était sombre et silencieux. Là-haut, dans le ciel, la lune brillait.

Alors, ses yeux perçants, habitués à la nuit, virent luire quelque chose derrière un arbre, non loin de là. C'était un petit rayon de lune argenté qui scintillait sur une surface polie. Maître Renard l'observa, immobile. Que diable était-ce donc ? Maintenant, cela bougeait. Cela se dressait…

Grands dieux ! Le canon d'un fusil !

Vif comme l'éclair, Maître Renard rentra d'un bond dans son trou et, au même instant, on eût dit que la forêt entière explosait autour de lui. *Pan-pan-pan ! Pan-pan-pan ! Pan-pan-pan !*

La fumée des trois fusils s'éleva dans la nuit. Boggis, Bunce et Bean sortirent de derrière leurs arbres et s'approchèrent du trou.

« On l'a eu ? » demanda Bean.

L'un d'eux éclaira le terrier de sa torche électrique. Et là, sur le sol, dans le rond de lumière, dépassant à moitié du trou, gisaient les pauvres restes déchiquetés et ensanglantés... d'une queue de renard !

Bean la ramassa.

« On a la queue, mais pas le renard ! dit-il en la jetant au loin.

— Zut et flûte ! s'écria Boggis. On a tiré trop tard. On aurait dû tirer quand il a sorti la tête.

Maintenant, il réfléchira à deux fois avant de la sortir », dit Bunce.

Bean tira un flacon de cidre et but à la bouteille. Puis il dit :

« La faim le fera sortir dans trois jours au moins. Je ne vais pas attendre, assis à ne rien faire. Creusons et débusquons-le !

— Ah ! dit Boggis. Voilà qui est bien parler ! On peut le débusquer en deux heures. On sait qu'il est là.

— Il y a sans doute toute la famille au fond de ce trou, dit Bunce.

— Eh bien, nous les aurons tous ! dit Bean. À nos pelles ! »

Roald DAHL, *Fantastique Maître Renard*, Paris, Éditions Gallimard, 1977.
© Succession Roald Dahl ltée, 1970

Annexes

Mes stratégies de lecture

POUR SÉLECTIONNER DES INFORMATIONS DANS UN TEXTE

Je me fais un schéma du texte dans ma tête.

Je cherche la partie du texte où je peux trouver l'information pour répondre à ma question.

Je lis cette partie.

Je cherche la ou les phrases où je peux trouver l'information.

Je lis cette phrase ou ces phrases.

Je reviens à ma question : je rédige une réponse.

POUR RÉFLÉCHIR À PARTIR DES INFORMATIONS D'UN TEXTE

Je lis la question à laquelle je dois répondre. Je me demande quels sont les mots importants.

Je pense à des mots clés que je pourrais trouver dans le texte.

Je cherche la ou les phrases qui contiennent ces mots clés ou qui semblent répondre à la question.

Je réfléchis et je fais des liens :

Je réponds à la question.

entre les différentes informations du texte ;

entre ces informations et ce que je sais sur le sujet.

POUR DÉDUIRE LES TRAITS DE CARACTÈRE D'UN PERSONNAGE

Je lis le texte.

Je cherche des indices sur les traits de caractère du personnage :

ses paroles ;

ses actions ;

ce que les autres personnages disent et pensent de lui.

Je me demande :

comment serait une personne qui dirait ou ferait la même chose que le personnage ;

pourquoi le personnage dit cela ou agit ainsi.

Je rassemble mes déductions et je nomme les traits de caractère du personnage.

POUR COMPRENDRE LES DIALOGUES

J'observe les indices suivants :

les paroles d'un personnage sont souvent précédées d'un tiret ;

les paroles d'un personnage sont parfois entre guillemets ;

avant ou après les paroles d'un personnage, une phrase précise quel personnage parle.

Suggestions de lectures

Projet 1

Hop ! la vie !

BERGER, Melvin. *Les microbes me rendent malade,* Paris, Éditions Circonflexe, collection Aux couleurs du monde, 1991.

BORENSZTEIN, Pascale. *Le corps*, Paris, Éditions Larousse, collection L'encyclopédie Larousse des 6/9 ans, 2000.

DOLTO-TOLITCH, Catherine. *Comment va la santé ?*, Paris, Éditions Hatier, collection Grain de sel, 1989.

Dans la même collection : *Les petits mots du corps* (1990).

GRILLOT, Marie-Françoise. *Tant qu'on a la santé !*, Tournai, Éditions Casterman, collection Petit citoyen, 1995.

MAY, John. *L'autobus magique va dans Raphaël : découvre les bactéries*, Richmond Hill, Éditions Scholastic, collection L'autobus magique, 1995.

RUFFAULT, Charlotte. *Petits ennuis*, Paris, Éditions Syros, collection Les petits carnets, 1994.

Dans la même collection : *Incommodités.*

UNWIN, Mike. *Pourquoi je suis malade ?*, Londres, Éditions Usborne, collection La science pour débutants, 1994.

Projet 2

Comme chien et chat !

COSTA-PRADES, Bernadette. *Résiste! contre la violence*, Paris, Éditions Syros, collection Souris, 1999.

DEMERS, Dominique. *Toto la brute*, Montréal, Les Éditions Québec Amérique jeunesse, collection Bilbo jeunesse, 1998.

DESCHÊNES, Hélène. *Pas de danse pour Nicolas*, Iberville, Éditions Coïncidence/jeunesse, collection Album-poche, 1991.

GERVAIS, Jean. *Au secours!*, Montréal, Les Éditions du Boréal, collection Dominique, 1994.

PONTY, Monique. *Le cœur entre les dents*, Montréal, Éditions Hurtubise HMH, collection PLUS, 1998.

SAINT MARS, Dominique. *Max se bagarre*, Fribourg, Éditions Calligram, collection Max et Lili, 1997.

Dans la même collection : *Les parents de Max et Lili se disputent, Lili est fâchée avec sa copine, Lili se dispute avec son frère, Max est racketté, Lucien n'a pas de copain.*

SANDERS, Pete. *L'enfance maltraitée*, Montréal, Éditions École active, collection Mieux comprendre, 1998.

Dans la même collection : *La violence.*

Projet 3

Le grand livre de l'écriture

BRESNER, Lisa. *Un rêve pour toutes les nuits*, Arles, Éditions Actes Sud junior, collection Les grands livres, 1999.

BROOKFIELD, Karen. *L'écriture et le livre*, Paris, Éditions Gallimard, collection Les yeux de la découverte, 1993.

COPPIN, Brigitte. *Histoire d'écriture*, Paris, Éditions Gallimard, collection Découverte benjamin, 1992.

PATON WALSH, Jill. *Le mystère des hiéroglyphes*, Paris, Éditions Père Castor Flammarion, 1997.

ROUX, Paul. *Pictogrammes en folie*, Mont-Royal, Éditions Modulo jeunesse, collection Le raton laveur, 2000.

SAMOYAULT, Tiphaine. *Le monde des alphabets*, Paris, Éditions Circonflexe, collection Aux couleurs du monde, 1996.

Dans la même collection : *Le monde des chiffres* d'André DELEDICA.

SAURIOL, Louise-Michelle. *Une araignée au plafond*, Saint-Laurent, Éditions Pierre Tisseyre, collection Sésame, 2000.

STEEDMAN, Scott. *L'écriture et l'imprimerie*, Paris, Éditions Épigones, collection Fenêtres, 1997.

Projet 4

À chacun son toit

KAKO, Satoshi. *Pourquoi une maison ?*, Paris, Éditions L'école des loisirs, collection Archimède, 1994.

Dans la même collection : *Vivre sur l'eau* de Marie-Ange LE ROCHAIS.

KALOPISSIS, Théodore. *Le livre des maisons du monde*, Paris, Éditions Gallimard, collection Découverte cadet, 1996.

LORENZ, Albert. *Maisons à travers les âges*, Paris, Éditions de La Martinière jeunesse, 1998.

SHEMIE, Bonnie. *Maisons d'écorce: tipi, wigwam et longue maison*, Montréal, Éditions Livres Toundra, 1990.

Dans la même série : *Maisons d'adobe* ; *Maisons de bois* ; *Maisons de neige, de pierres et d'os* ; *Maisons de peaux et de terre*.

WILKINSON, Philip. *Les maisons des hommes*, Paris, Éditions Gallimard, collection Les yeux de la découverte, 1995.

WOOD, Tim. *Les maisons*, Paris, Librairie Gründ, collection Entrez..., 1995.

Dans la même collection : *Les merveilles du monde*.

Projet 5

Paroles d'animaux

HION, Monique. *Comptines des bêtes à malice*, Arles, Éditions Actes Sud junior, collection Les petits bonheurs, 1998.

Dans la même collection : *La gavotte des mille-pattes* de Françoise MORVAN.

JOUBERT, Jean. *L'amitié des bêtes*, Paris, Éditions L'école des loisirs, 1997.

Les animaux et leurs poètes, Paris, Éditions Albin Michel, 1998.

MONCONBLE, Gérard. *Bêtes et bêtises*, Paris, Éditions de La Martinière jeunesse, 1998.

Poésie poézoo, Paris, Éditions Gautier-Languereau, 1997.

SADELER, Joël. *Les animaux font leur cirque*, Paris, Éditions Gallimard jeunesse, collection Enfance en poésie, 2000.

Dans la même collection : *La ménagerie de Tristan* suivi de *Le parterre d'Hyacinthe* de Robert DESNOS. *Petit bestiaire* de Guillaume APOLLINAIRE.

VIGEANT, André. *Le bestiaire d'Anaïs*, Montréal Les Éditions du Boréal, collection Boréal junior, 1991.

Projet 6

D'hier à aujourd'hui

BESSON, Jean-Louis. *Le livre des costumes. La mode à travers les siècles*, Paris, Éditions Gallimard, collection Découverte cadet, 1994.

Dans la même série : *Les costumes traditionnels ; Les uniformes militaires.*

FROMENT, Isabelle de. *L'extraordinaire aventure des hommes : du silex au satellite*, Paris, Éditions Bayard, collection Les petits savoirs, 1996.

LLEWELLYN, Claire. *Les camions*, Paris, Éditions Épigones, collection Fenêtres, 1996.

Dans la même collection : *Les voitures* de Steedman SCOTT.

PLATT, Richard. *Inventions : une chronologie visuelle : de la pierre taillée aux satellites et aux ordinateurs*, Paris, Seuil, 1995.

Dans la même série : *Transports : une chronologie visuelle.*

ROWLAND-WARNE, L. *Le costume et la mode*, Paris, Éditions Gallimard, collection Les yeux de la découverte, 1992.

Dans la même collection : *La légende des trains* de John COILEY ; *Un moteur et quatre roues* de Richard SUTTON.

VANDEWIELE, Agnès. *Encyclopédie des transports : camions, avions, trains, autos, motos, bateaux*, Paris, Éditions Fleurus, 1999.

YORKE, Jane. *Mon grand livre des trains*, Montréal, Éditions Libre Expression, 1999.

Projet 7

Le procès de Maître Renard

BOUJON, Claude. *Bon appétit monsieur Renard*, Paris, Éditions L'école des loisirs, 1996.

GRIPARI, Pierre. *Le renard et sa queue*, Paris, Éditions Grasset jeunesse, collection Lampe de poche, 2000.

LEGENDRE-KVATER, Philippe. *L'enfant aux renards*, Paris, Éditions Épigones, collection Mille regards, 1998.

Les renards, Paris, Éditions Hachette, collection Mes premières légendes, 1994.

QUINTIN, Michel. *Nardeau le petit renard*, Waterloo, Éditions Michel Quintin, collection Saute-mouton, 1999.

Dans la même collection : *Nardeau chez Toubib Gatous ; Nardeau est libre.*

ROSS, Tony. *Rusés comme un renard*, Paris, Éditions Circonflexe, 1993.

Liste des stratégies

Lecture

Pour comprendre une phrase qui contient un pronom, **258**

Pour comprendre une phrase longue qui contient un marqueur de relation comme « parce que », « lorsque », etc., **7**, **258**

Pour comprendre les dialogues, **25**, **259**

Pour sélectionner des informations dans un texte, **43**, **257**

Pour réfléchir à partir des informations d'un texte, **61**, **257**

Pour déduire les traits de caractère d'un personnage, **116**, **259**

Pour comprendre des mots nouveaux dans un texte, **256**

Pour comprendre des textes longs, **256**

Écriture

Pour accorder le verbe, **15**

Pour écrire des dialogues, **31**

Pour consulter un tableau de conjugaison, **89**

Liste des notions abordées dans le volet Écriture

Syntaxe

Comprendre la construction de la phrase déclarative, **12-13, 68**

Construire des phrases interrogatives, **13**

Exprimer une condition, **29-30**

Construire des phrases négatives, **30**

Écrire des dialogues, **30-31**

Utiliser le bon temps de verbe, **47-49**

Vérifier la structure des phrases négatives et interrogatives, **69**

Reconnaître le temps des verbes, **69**

Améliorer un texte, **84, 122-123**

Utiliser la phrase exclamative, **84-85**

Construire des énumérations, **104-105**

Reconnaître le groupe sujet et le groupe du verbe, **124**

Vocabulaire

Employer des mots qui indiquent le temps, **49**

Utiliser un vocabulaire précis, **67**

Employer des mots exclamatifs, **85**

Éliminer les répétitions, **86**

Améliorer un texte, **84, 122-123**

Orthographe grammaticale

Accorder le verbe dans une phrase déclarative, **14-15**

Conjuguer les verbes à différents temps, **32-33, 127**

Conjuguer les verbes au passé composé, **50-51**

Reconnaître les noms, les déterminants, les adjectifs et les verbes, **70-71**

Expliquer les accords dans la phrase, **71, 127**

Orthographier les pronoms, **87**

Consulter un tableau de conjugaison, **89**

Reconnaître le temps des verbes, **106**

Conjuguer les verbes au futur proche, **107**

Accorder les verbes à l'impératif, **125**

Orthographe d'usage

Les sons [an], [in] et [on] devant les lettres « p » et « b », **17**

Le « c » dur et le « c » doux, **34-35**

Le son [in], **53**

Le « g » doux et le « g » dur, **72-73**

Les mots en « al », **92**

Le pluriel des mots en « ou », **93**

Le féminin et le masculin d'adjectifs, **129**

Index des notions grammaticales*

A

Accord du verbe, **14-15**
Adjectif, 70, 90
  • formation du féminin, 92, 129
  • formation du pluriel, 92
Auxiliaire « avoir », **50-51**
Auxiliaire « être », **50-51**

C

Conditionnel, 29, **33**, 127

D

Déterminant, 70, 88

F

Féminin, 92, 129
Futur proche, 48, **106-107**
Futur simple, **33**, 48, **106-107**, 127

G

Groupe du nom, 70, 88
Groupe du verbe, **12**, 68, 124
Groupe sujet, **12**, 68, 124

I

Imparfait, 29, **32**, 48, 73, 106, 127
Impératif, **125-127**
Indicatif, 126-127

M

Masculin, 92, 129

N

Nom, 70, 90

P

Participe passé, **50**
Passé composé, 48, **50**-51
Phrase
  • accord, 127
Phrase déclarative, **12, 14, 68,** 84-85
Phrase exclamative, **84-85**
Phrase interrogative, **13**, 69
Phrase négative, 69
Pluriel, 92-93
Présent, 48, 73, 106, 126-127
Pronom, 15, **87-88**

S

Sujet, 15

V

Verbe
  • accord, **14-15**
  • auxiliaire, **50-51**
  • radical, **127**
  • reconnaître, 70, 90
  • temps, 47, 69, 106-107

* Les chiffres en caractères gras renvoient aux pages où on trouvera une explication des notions.

Sources des photographies et des illustrations

Photographies

Alpha-Presse
p. 186 (haut), 223 (haut, droite)
J.M. Bertrand : p. 188 (bas), 189
J.-P. Danvoye : p. 186 (bas)
L. Rebmann : p. 197 (haut)

Archives de la Presse canadienne
p. 230 (gauche)

Archives photographiques Notman
Musée McCord d'histoire canadienne, Montréal :
p. 224 (bas, gauche), 228 (droite)

Jérôme Bernard-Abou
p. 192, 193

Bibliotheca Apostolica Vaticana
p. 181 (gauche)

British Museum
Lin White : p. 179 (droite)

Corbis/Magma
p. 236 (gauche)

Dorling Kindersley
p. 217 (gauche), 219 (gauche), 220 (haut),
220 (bas, droite), 221 (bas, gauche), 227 (haut),
231 (droite)
British Museum : p. 172-178, 179 (gauche),
182 (haut), 183 (bas, gauche), 183 (haut),
223 (centre, gauche)
Anabel et Barnabas Kindersley : p. 188 (haut)
John Parker : p. 190
Science Museum : p. 110 (gauche), 217 (droite),
218 (gauche), 230 (droite)

Christiane Gauthier
p. 232 (bas, droite)

Jim Hatfield
p. 229 (bas, droite)

Imprimerie Interglobe
p. 183 (bas, droite)

Yves Laframboise
p. 58-60

David Loehr Collection
p. 236 (droite)

Musée Barthélémy Thimonnier
p. 226 (droite)

Musée de Kamouraska
p. 225 (gauche)

Musée des sciences et des technologies
p. 225 (droite)

Parcs Canada
Hélène Boucher : p. 198

Publiphoto
p. 182 (bas), 184, 216, 222 (bas, droite)

Réflexion Photothèque
Tibor Bognar/Megapress : p. 191 (haut)
B. Burch/Megapress : p. 187
Camerique/Megapress : p. 229 (gauche)
Derek Caron/Megapress : p. 196, 197 (bas)
J. Greenberg/Megapress : p. 191 (bas)
Naiman/Megapress : p. 76 (haut, droite)
Neill/Megapress : p. 76 (bas, gauche)
Philiptchenko/Megapress : p. 76 (haut, gauche)

Ken Ratihn
Primitive Destinations Intl./Expédition 1998 :
p. 194-195

Réunion des Musées nationaux/Art Resource N.Y.
p. 180

Illustrations

Christine Battuz : p. 136-137, 142-143, 147,
150-152, 160-162, 168-170, 201, 204, 206 (haut),
207 (bas), 209 (bas), 211 (haut), 212 (bas),
243-245, 253-254

Isabelle Charbonneau : p. 55-74, 185

Anne-Marie Charest : p. 75-94, 199, 200 (haut),
202, 205 (haut), 206 (bas), 208, 210 (haut),
211 (bas), 213 (haut), 238-239, 246-249, 262

Virginie Faucher : p. 111-131, 200 (bas), 203,
205 (bas), 207 (haut), 209 (haut), 210 (bas),
212 (haut), 213 (bas), 240-242, 251, 263

Roger Girard : p. IV, 19-36, 149, 260

Marie Lafrance : p. V, 37-54, 95-110, 139, 144-145,
156-159, 165-167, 171, 215-216, 218, 228-229,
232-234

Paule Thibault : p. 1-18, 135, 138, 140-141, 148,
153-155, 163-164, 264